Gottesdienstpraxis

Serie A:
Arbeitshilfen für die Gottesdienste zu den Sonn- und Feiertagen des Kirchenjahres

Herausgegeben von Horst Nitschke

Gütersloher Verlagshaus Gerd Mohn

Gottesdienstpraxis

6. Perikopenreihe

Band 1: 1. Sonntag im Advent bis Lätare

Gütersloher Verlagshaus Gerd Mohn

CIP-Titelaufnahme der Deutschen Bibliothek

Gottesdienstpraxis / hrsg. von Horst Nitschke. –
Gütersloh : Gütersloher Verl.-Haus Mohn.
Früher hrsg. von Erhard Domay u. Horst Nitschke
Ser. A, Arbeitshilfen für die Gottesdienste zu den Sonn- und Feiertagen des Kirchenjahres.
Perikopenreihe 6.
NE: Domay, Erhard [Hrsg.]; Nitschke, Horst [Hrsg.]; 1. Abt.

Bd. 1. 1. Sonntag im Advent bis Lätare. – 1989
ISBN 3-579-02820-0

ISBN 3-579-02820-0

Satz: Satz-Service-Berkemeier, Gütersloh
Druck und Bindung: Ebner Ulm
Umschlagentwurf: Franz Wöllzenmüller, Oberhaching
Printed in Germany

Inhalt

1. Sonntag im Advent

Predigttext: Hebräer 10,19–25
Wolfgang Lipp

Theologisch-homiletische Überlegungen
Am 1. Advent kommen bei uns mehr Menschen zum Gottesdienst als am 1. Christfeiertag. Der Chor hat darum sein Singen auf den 1. Advent verlegt. Es sind also Menschen da, die nicht zu den regelmäßigen Gottesdienstteilnehmern zu zählen sind. Im Gottesdienst ist dies zu berücksichtigen. Vielleicht kommen sie wegen der bekannten und beliebten Lieder. Diese Erwartung erfülle ich gerne. Für die Predigt versuche ich, sie mit einer Frage abzuholen.
Diese Frage greift auf die Exegese Weders (Band 4) zurück. Die dort vorgeschlagene Textabgrenzung (Vers 19–25) ist in der württ. Ordnung bereits vorgesehen. Die Worte ›Zugang, Weg, eintreten, aufgetan‹ (Vers 19ff.) versuche ich in der anthropologisch gewendeten Frage aufzunehmen: »Haben unsere Wege ein Ziel?« (Einer Anregung Askanis folgend: Predigt zum Text, masch.schrftl.).
Über die Exegese Weders hinaus sei verwiesen auf Käsemann, der »die Bedeutung des Durchbruchs Jesu durch seine sarx als eisodos tōn hagiōn für die Seinen« beschreibt (Das wandernde Gottesvolk, Göttingen 1959[3], 140 ff., Zitat 146).
Stärker als Weder möchte ich betonen, daß die drei Ermahnungen (Vers 23.24.25) durch die Trias Glaube, Hoffnung, Liebe bestimmt sind. Drei Stichworte aus dem Text sollen diese Trias verfremdend verdeutlichen: Freiheit (Glaube, Vers 19.22), Festigkeit (Hoffnung, nicht wanken, Vers 23), Frechheit (Liebe, Vers 24; vulg.: in provocationem charitatis). Die Alliteration ist gewollt aus Gründen der Rhetorik und der Memorierbarkeit. Allerdings muß, um Mißverständnisse zu vermeiden, von der Frechheit der Liebe gesprochen werden.
Die Entfaltung der Leitfrage: Haben unsere Wege ein Ziel? erfolgt vor der Verlesung des Textes. Danach wird die Frage bewußt grundsätzlich gefaßt: Hat unser Leben ein Ziel? Vom Mittelteil her wird sie dann erneut aufgenommen und mit Hilfe der genannten Stichworte meditiert.

Vorschläge zur Liturgie
Lieder
EKG 6,1.4.5; 10,1–5; 14,1.3.4; 10,9

Psalm 24

Eingang
Im Namen ... Macht hoch die Tür, haben wir gesungen: Gott geht in diese Welt ein als ein Kind. Daran denken wir im Advent. Und wohin gehen wir? Auch diese Frage nehmen wir heute auf. Christus spricht: Ich bin die Tür. Ich bin der Weg, die Wahrheit und das Leben.

Eingangsgebet, das ich mit dem *Kyrie* verbinde
Unsere Unruhe bringen wir zu dir,
daß du uns Ruhe gibst.
Den Eifer unserer Tage legen wir vor dir ab,
daß du uns den Frieden schenkst.
Unsere kreisenden Gedanken richten sich auf dich,
daß du ihnen ein Ziel gewährst.
Versäumnisse, Fehler und Schuld gestehen wir dir,
daß du uns vergibst.
Komm zu uns, wenn wir in der Stille bekennen,
was uns besonders beschwert ...
Vergib uns und erneure uns durch deinen Geist.

Vergebungswort
mit Jes 9,1: Das Volk, das im Finstern wandelt.

Lesung
Evangelium: Luk 1,67–79; AT: Sach 9,9–10

Präfation
Gelobt seist du, unser Gott, der du wie ein beschützender Vater und wie eine bergende Mutter bist.
Du gibst uns die Erde, daß wir gehen können unsere Wege.
Du gibst uns das Licht des Advents, ein Licht für unseren Weg.
Du gibst unserem Leben ein Ziel und unseren Wegen eine Richtung.
Du gibst uns Brot und Wein als Zehrung auf dem Weg.
Du gibst uns dich selbst als Tür, als Weg, als Leben.
Darum ist es würdig und recht ...

Fürbitte
Da wir aber wissen, daß viele Menschen ihren Weg nicht kennen ..., daß vielen die Türen verschlossen sind ..., daß viele keinen Ausweg sehen, ... in die Irre gehen ..., daß wir alle vor die letzte Tür kommen ...

Entlaßworte
Mi 2,13; Joh 10,7b.14b; Joh 14,6; Apg 2,28; Off 3,20

Predigt-Vorschlag

Liebe Gemeinde! Haben unsere Wege ein Ziel?

Das soll jetzt keine Frage sein, mit der ich heute morgen Mut und Lust denen nehme, die fröhlich ihre Straße ziehen. Wohl denen, die dies fröhlich tun. Aber vielleicht können wir heute morgen diese Frage so bedenken, daß auch die fröhlich werden und Mut bekommen, die unsicher sind bei einer Antwort: Unsicher, weil sie vielleicht keine Zeit haben für diese Frage: wohin und wozu? Unsicher vielleicht, weil sie müde geworden sind, beim Suchen einer Antwort. Unsicher auch, weil einer vielleicht eine Antwort entworfen hat, und das erneute Fragen ihn stört. Haben unsere Wege ein Ziel? ...

I

Wenn man sich auf den Straßen unserer Stadt umsieht, wenn man stehen bleibt und dem Treiben zuschaut, gewinnt man leicht den Eindruck, daß wir alle immer in großer Eile unterwegs sind. Hier etwas einkaufen, dort etwas anprobieren, da noch etwas erledigen – dies und das. Und die Autos warten vor den Ampeln, als würden sie die Sekunden zählen ...

– Könnte es nicht sein, daß wir vor lauter Geschäftigkeit das Ziel aus den Augen verlieren? Im Eifer der Stunde und in der Eile der Tage bleibt keine Ruhe, die Gedanken hinauszuwerfen bis dorthin, wo das Ganze in Blick kommt. Was vor Füßen liegt und erledigt sein will, versperrt uns den Horizont, hindert uns zu fragen, was denn die Richtung der Wege sei. Als drehe sich unser Kompass im Kreis.

Und könnte nicht auch – noch einen Gedanken weiter – dies wahr sein, daß wir mit der Emsigkeit nicht aufhören können, weil wir kein Ziel vor Augen haben? Manchmal sieht es ja so aus, als hätten wir Angst vor dem Aufhören, weil wir kein Ankommen kennen, als könnten wir kein Ende finden, weil wir kein Ziel haben ... Haben unsere Wege ein Ziel? ...

... – emsige Geschäftigkeit, als würde auf dem schnellen Pferd ein müder Reiter sitzen. Das Pferd springt und bleibt im Trab: Lenkt der Reiter noch, oder wird er gelenkt? Weiß er noch: wohin, wozu? Haben unsere Wege ein Ziel? ...

– Jeder weiß jetzt etwas zu sagen. Immer haben wir viele Antworten, wir klugen und vernünftigen Leute. Aber ist es die ganze Antwort oder nur eine halbe? Große Fragen werden bei uns ja gerne in kleine Fragen zerlegt, dann sind sie besser zu handhaben. Ich möchte etwas lernen, Abitur machen, studieren. Ich möchte ... Beruf ... heiraten ... ein Haus bauen ... es zu etwas bringen ... es recht machen. Lauter einzelne Ziele. Und vor lauter Teilzielen verliert sich das große Ziel.

Wir wollen uns nichts vormachen: jeder von uns hat ein Stück dieses Lebensentwurfs in sich. Und doch, irgendwie ist dieser Entwurf aus der Enge heraus geplant. Und irgendwie steckt eine Resignation in ihm.

Haben denn unsere Tage ihr Recht darin, daß sie glatt über die Bühne gehen? Liegt in dem Entwurf, es recht machen zu wollen, nicht doch eine Bescheidenheit, die unserem Leben die Weite und auch die Tiefe nimmt? Greift für die Größe und den Reichtum unseres Lebens, für Leidenschaft und Heftigkeit dieser Entwurf nicht viel zu kurz? Haben unsere Wege ein Ziel?

II

Auf seine Weise und in altertümlicher Sprache gibt unser heutiger Predigttext eine Antwort auf diese Frage. Er steht im 12. Kapitel des Hebräerbriefes. Dort lauten die Verse 19–25:

Liebe Gemeinde! Ich erinnere mich, daß wir Geschwister uns in der Adventszeit gerne in die Haare kriegten. Es drehte sich um den Adventskalender. Keine Süßigkeiten kamen heraus wie heute, kein Nippes, keine Kerzen, Autos oder Holzfigürchen. Wer darf das Türchen, das Fensterchen öffnen? Und dahinter verbarg sich auf Transparentpapier gemalt ein Stern, ein Engelchen, eine weihnachtliche Gestalt. Wir kannten schon die Abfolge und stritten dennoch. Hinter jedem Türchen war ein bezaubernder Glanz, eine fröhliche Überraschung, eine kleine Herrlichkeit. Und eine jede war ein Angeld auf das Ziel.
Als wir größer geworden waren, erwachsener und vernünftiger, da hat der Zauber nicht mehr vorgehalten. Und mit ihm haben wir den Glanz und die Herrlichkeit verloren.
Jeder, jede von uns weiß das, was das ist, den Glanz zu verlieren – glanzlose Tage, die sich voll Eifer dahinschleppen. Jeder von uns weiß, was das ist, ohne Herrlichkeit zu leben – ohne jubelnden Mut und mitreißende Hoffnung. Jede von uns weiß, was das ist, und jeder lernt es einmal: daß nicht hinter jeder Tür eine fröhliche Überraschung wartet, ja daß manche Wand gar keine Türen hat und vorhandene Türen zugehen und verschlossen bleiben und daß da schließlich eine Tür ist, grau und dunkel, auf die wir zugehen, und wir sehen nicht, was dahinter ...
Wir haben den Zauber verloren, wir vernünftigen Leute. Und mit ihm ist uns das Ziel abhanden gekommen. Haben unsere Wege ein Ziel?
Zum Ziel, liebe Schwestern und Brüder, zum Ziel kommt unser Leben, wenn einmal Gott uns zu sich ziehen wird und er uns anschaut von Angesicht zu Angesicht. Manch einen mag dieser Gedanke schrecken. Vor Gott – das klingt auch bedrohlich.
Aber Gott von Angesicht zu Angesicht – das hat zu tun mit dem Kind im letzten Türchen unseres Adventskalenders. Der Gott, der in diesem Kind erschienen, der ist es, der von Angesicht zu Angesicht erscheint. Der Gott, der die Türen auftat, etwa die zum Haus des Zachäus, die Tür für

den armen Lazarus, die Tür zum Haus des Vaters beim verlorenen Sohn – er öffnet die Türen. Der Gott, dem sie den Weg vermauerten bis zum Kreuz und dem sie am Ende einen Stein wälzten vor des Grabes Tür und der so und der darum wurde zur Auferstehung, zum Weg, zur Wahrheit und zum Leben – der ist's von Herrlichkeit zu Herrlichkeit. Er ist das Ziel unseres Lebens.

III

Was bedeutet das für unsere Wege? Haben unsere Wege ein Ziel? Ich will drei Stichworte unseres Textes herausgreifen.

1. Das erste Stichwort heißt *Freiheit*.
»Durch ihn haben wir die Freiheit zum Eingang in das Heiligtum.« Wer frei ist, der kann entscheiden. Was ist wichtig für mich und für unsere arme Welt? Was lenkt mich ab? Lasse ich mich treiben, bin ich kein Getriebener? ... Wer frei ist, hat einen weiten Blick. Wir brauchen uns nicht bestimmen zu lassen von kurzfristigen Zielen und schnellatmigem Vorteil ...
Freiheit zum Eingang in das Heiligtum: das ist ein Hauch von Gelassenheit und Großzügigkeit. Ein Stück Glanz und Festlichkeit klingt da an. Das Angebot der Souveränität. In unserem Text ist Freiheit verbunden mit Glauben. Ob wir das spüren können, ob wir das spüren lassen können, ob wir das sehen und zeigen können, daß unser Glaube frei macht?
Gewiß, liebe Freunde, wir wollen uns nichts vormachen: Keiner schüttelt die Zwänge ganz ab; keiner kann sich allem entziehen, in das wir hineinverflochten sind in unserer Welt. Und das Jagen hört nicht allein deshalb auf, weil wir ein Ziel haben. Bei aller Freiheit bleibt uns auch ein »Muß« ...
Manches Versagen und manches Zagen ist darin eingeschlossen ...

2. Darum aber gilt das zweite Stichwort: *Festigkeit.*
»... und nicht wanken, denn er ist treu ...«
Es festes Herz, daß wir den Mut nicht verlieren.
Natürlich wird es weiterhin in unserem Leben manchen Irrweg geben, manchen Holzweg. Und aus mancher Sackgasse haben wir umzukehren. Dazu braucht es ein festes Herz. Denn einfach ist das nicht, auszubrechen aus dem Trott ... Festigkeit – das ist der Mut in manchem Zweifel. Festigkeit – das ist auch die Unbeirrbarkeit in manchem Widerstand. Es muß nicht alles so laufen, wie es eben läuft, nicht bei uns ... nicht auf unserer armen Erde ... Und allemal zögern wir beim Gedanken an das letzte Ufer am großen Meer. Gott gebe uns auch dann ein festes Herz, daß wir dankbar zurückblicken können und daß wir alle, die zurückbleiben, daß wir alles Zeitliche segnen können.

Darum ist an unserer Stelle im Hebräerbrief die Festigkeit verbunden mit der Hoffnung: »Laßt uns festhalten am Bekenntnis der Hoffnung und nicht wanken, denn er ist treu, der sie verheißen hat.«

3. Freiheit im Glauben, Festigkeit aus Hoffnung –
und nun das dritte: die *Frechheit* der Liebe; so will ich das nennen: »Anreizen zur Liebe«, heißt es da. Im lateinischen Text steht das Wort: Provokation.
Eilige Menschen empfinden den langen Atem der Liebe als Ärgernis. Und wer gejagt und getrieben ist, fühlt sich von der Geduld ganz schnell provoziert ... Die wohltuende Frechheit der Liebe ... Gerade so achtet die Liebe, nicht auf die Dinge und Geschäfte, sondern sie achtet auf die Menschen. Gerade so haucht sie die Emsigen mit ihrem langen Atem an. Gerade so provoziert sie uns getriebene Treiber zur Ruhe, lädt uns ein zu verweilen. Und wir gejagten Jäger hören vom Ende der Jagd.
Die Frechheit der Liebe – das ist eine Leichtigkeit und ein Schwebendes zwischen den vermeintlich festen Mauern unserer Welt. Nicht mit Gewalt bricht sie ein, sondern mit freundlichen Worten und offenen Händen lockt sie, das Labyrinth zu verlassen, das uns gefangen hält ...

IV
Haben unsere Wege ein Ziel? Wir feiern Advent.
Gott kommt zu uns, heißt das. Wir kommen zu Gott, heißt das. Und darum gehen wir unsere Wege in der Freiheit des Glaubens, in der Festigkeit der Hoffnung und in der Frechheit der Liebe. Amen.

Kontexte

Ich habe zu Karl Barth in dem einzigen, freilich langen Gespräch, das ich, Anfang der 50er Jahre, mit ihm gehabt habe, unter anderem gesagt, ich sehe den geraden Weg von Galilei zur Atombombe und sei umgetrieben von der Frage, ob ich in diesem Wissen die von mir so geliebte Physik weiter betreiben dürfe. Er antwortete: »Herr v. Weizsäcker, wenn Sie glauben, was alle Christen bekennen und fast keiner glaubt, daß nämlich Christus wiederkommt, dann dürfen, ja müssen Sie weiter Physik treiben; sonst dürfen sie es nicht.«
(C. F. v. Weizsäcker, Der Garten des Menschlichen, Fischer–TaBu, 343)

1. Der Herr gibt mir das Arbeitstempo an; / ich brauche nicht zu hetzen. / 2. Er verschafft mir immer wieder einige ruhige Minuten; / eine Atempause, wo ich zu mir kommen kann. / 3. Er stellt mir beruhigende Bilder vor die Seele, / die mir wieder und wieder zur Gelassenheit verhelfen. / Oft läßt er mir die Dinge ganz mühelos und unversehens gelingen, / und ich kann erstaunlich getrost sein. / Ich merke: Wenn man sich diesem Herrn anvertraut, / bleibt das Herz ganz ruhig. / 4. Obwohl ich eine Fülle von täglichen Verpflichtungen habe, / so brauche ich doch nicht nervös dabei zu werden. / Seine stille Gegenwart befreit mich von aller Nervosität. / Weil er über

allen Dingen steht, / verliert alles andere sein Gewicht. / 5. Oft mitten im Gedränge gibt er mir ein ermutigendes Erlebnis, / das ist, wie wenn mir einer eine Erfrischung darreicht. / Freude erfüllt das Herz, / und eine sichere Geborgenheit umfängt einen. / Ich spüre, wie mir daraus neue Tatkraft zuströmt. / 6. Ich habe erfahren, daß, wenn ich so mein Tagwerk tue, / ich innerlich ausgeglichen bin. / Innere Heiterkeit erfüllt mich, / und Gelingen wird mir zuteil. / Es macht mich froh zu wissen, / daß ich meinem Herrn auf der Spur bin. / Daß ich allezeit bei ihm daheim sein darf.
(Toki Miyashina [Japan], in: Aktion Gottesdienst 1, 308; hrsg. U. Seidel, D. Zils, Wuppertal 1970, zu Psalm 23)

In dem Film »Koyanis Katzi« ist nur Musik zu hören. Hin und wieder dazwischen das (Titel-)wort, das indianisch so etwas wie Erlösung oder Versöhnung heißen soll. Gegen Bilder von Landschaften, Bergen und Flüssen sind in überlangen Einstellungen Menschen zu sehen: Menschen, die eine Rolltreppe hinabfahren, Menschen, die eine Einkaufstraße entlangeilen, ein Fabriktor verlassen, aus einem U-Bahnschacht heraufkommen, einem Theatereingang zustreben. Kein einzelnes Gesicht. Nur Menschen in Eifer, in Eile, emsige Menschen, geschäftige Menschen, die irgendwohin auf dem Weg sind, als hätten sie ein Ziel.

2. Sonntag im Advent

Predigttext: Offenbarung 3,7–13
Andreas Eitz

Theologisch-homiletische Skizze

1. Was sagt mir die Exegese (Bd. 4)?

Sie erinnert mich daran, wie sehr das Neue Testament aus der hebräischen Bibel schöpft. Es sind ja nicht nur einzelne Wörter, es sind halbe und ganze Sätze, es sind Vorstellungsmuster, Gedankenkreise, die hier aufgerufen werden. Das macht die Predigt zugleich leicht und schwierig: Soll ich mir von der Fülle der Anspielungen helfen lassen, oder steht sie mir so im Weg, daß ich nachher den Wald vor lauter Bäumen nicht mehr sehe?

Ich lerne, daß die Gemeinde in Philadelphia offensichtlich aus Judenchristen besteht (wie die in Smyrna nach dem gleichfalls positiven Gebrauch der Bezeichnung »Jude« auch; 2,9), daß der Verfasser aber die nicht an Jesus glaubenden Juden als »falsche« Juden ansieht, die aus der Synagoge des Satans kommen. Ich kann dieses scharfe, aus der damaligen Situation der Bedrängnis stammende Wort nicht mehr unbefangen nachsprechen: Zuviel Schlimmes ist in der Geschichte geschehen, als daß ich mir anmaßen könnte, zwischen den »wahren« und den »falschen« Juden zu unterscheiden (auch Walter Jens' Lösung mit den »Schein- und Lügen-Hebräern«, Das A und das O, S. 19, bringt mich nicht weiter). Was als Verstehenshilfe für die damalilge Gemeinde gedacht war, ist für mich eine Sperre. Meiner Gemeinde wird es kaum anders gehen. Darum werde ich manche Befremdlichkeiten beim Namen nennen und kurz klären müssen.

Selbst manches, was ich exegetisch interessant finde (z.B. die offensichtliche »Demokratisierung« des »Schlüssels Davids«, der aus dem dynastischen Zusammenhang gelöst wird, oder die »Säule im Tempel«, die ja auch auf Jachin und Boas anspielen könnte [1. Kö 7,21]), ist mir für die Predigt wenig hilfreich: Fremdes, Befremdliches drängt sich vor. Ich suche Bekanntes, Vertrautes, und finde es vor allem an zwei Stellen:

a) in der vom Exegeten herausgehobenen »kleinen Kraft« der Kirche (Vers 8), die mir (und sicher vielen anderen auch) nur zu gut bekannt ist;

b) in der geographischen Situation (weit weg von Nazareth und Jerusalem) und im spürbaren historischen Abstand zu Jesus (ob zu Domitians Zeiten oder später (K. M. Fischer) ist nicht so wichtig).

Darüber hinaus sind mir die Bilder von der aufgeschlossenen Tür, von der Krone, vom neuen Jerusalem, dazu die gewichtige Anspielung auf Jesaja 6 (im »Heiligen«) nahe.

Auch der unmittelbare Kontext hilft mir; denn die sieben Sendschreiben haben ja nicht nur topographische Fixpunkte, sie sind so etwas wie ein Musterbuch der

Modelle, wie Gemeinden überhaupt mit dem ihnen anvertrauten Wort umgegangen sind (die Siebenzahl kann in der Offenbarung Johannis als Ausdruck der Vollständigkeit entschlüsselt werden). Und dabei kommt der gegebene Text als »Idealfall« heraus (was Lindemanns Exegese bestätigt).

2. Was sagt mir der Bezug im Kirchenjahr?

Der Text macht deutlich, daß das adventliche Warten auf Jesus eigentlich ein Warten auf den kommenden Christus ist, daß also das »Alle Jahre wieder« auf ein »Nie mehr so« verweist, mithin alle, auch bewährte, christliche Tradition relativiert. Wie keine andere Zeit des Jahres pflegt der Advent die Erinnerung und wird hier auf das Ende aller Dinge und eben auch der Erinnerung gestoßen. Dieser Impuls dreht den Kopf in die richtige Richtung: Es ist nach vorne zu schauen, wenn man Advent ernst meint. Über dem Gekommenen darf der Kommende nicht vergessen werden: Es ist noch Verheißung da, auch für eine müde gewordene Kirche!

Das letzte Buch der Bibel spricht – auch im vorliegenden Textausschnitt (Vers 11) – vom baldigen Ende der Geschichte (»Enthüllung der Macht« hat Jürgen Ebach das Thema benannt, Akademie Hofgeismar 1986, veröffentlicht in »Anstöße« 4/1987) – das Kirchenjahr vom neuen Anfang in der Geschichte. Ich möchte die darin verborgene Differenz der Konzepte von Parusie nicht als Widerspruch, sondern als gegenseitige Ergänzung verstehen: Das Wissen darum, daß am Ende aller Geschichte der offenbare Christus steht, relativiert alle Größen innerhalb der Geschichte und ermutigt zum Zugriff auf alle – eben auch liturgische – Möglichkeiten, den Beginn einer neuen Geschichte hier und jetzt anzunehmen.

3. Was sagt mir mein Lebenshintergrund?

Mein Tag ist angefüllt von einer Menge an kleinen und großen Pflichten, an Nachrichten aus Nachbarschaft, Region, Landeskirchenamt und weiter Welt. Dauernd bereite ich irgend etwas vor, eine Unterrichtsstunde, eine Predigt, ein Referat, eine Urlaubsreise. Meine Gegenwart ist ein ständiges Hinübergehen in die nächste Zukunft. Wann habe ich Zeit und Gelegenheit, die großen Linien meines Lebens zu bedenken?

Der Gottesdienst, insbesondere ein Adventsgottesdienst, ist eine Chance, den Alltagshorizont zu überschreiten, ohne meine Probleme zu vergessen. Ich erwarte, daß der Gottesdienst mich im Hegelschen Sinne aufhebt, mir und den Meinen (inklusive meiner Partner/innen im Straßenverkehr) Perspektiven gibt, die uns gemeinsam das Weihnachtsgetümmel heiter bestehen lassen.

Ich denke, ein Gespräch mit dem Seher Johannes über das »Wort von der Geduld« kann mir und allen guttun. Darüber hinaus kann mir der Gottesdienst als Liturgie (sofern nicht im Distanzieren der Lebenswirkichkeit als Selbstzweck aufgehend) ein Stück Stabilität in der Benutzung erarbeiteter und bewährter Form vermitteln: Ich muß nicht ununterbrochen kreativ und spontan und unmittelbar sein (was von mir ja dauernd und zu Weihnachten ganz besonders erwartet wird). Und ich kann mein »ich« bewußt in ein »wir« einbinden, das nicht von irgendwelchen partiellen Interessen (wie beim Verein), sondern vom Zuspruch Gottes konstituiert wird.

Zur Liturgie

Lieder

EKG 121,1–3: Wachet auf, ruft uns die Stimme ...; Singe, Christenheit 603,1–3: Tochter Zion ...; Morgenlied EKG 454 (hess. Fassung): Nun ist vorbei die finstre Nacht.

Lesung

Lukas 21,25–33

Eingangspalm

113,2–9.2

Aufforderung zum Bittruf

Wir blicken zurück auf das Wohlvertraute, das Gewohnte, das Angenehme und angenehm Gewordene, o Gott.
Wir tun uns schwer, in Dir den kommenden Gott zu sehen.
Unsere Geschäftigkeit fixiert Dich in der Krippe, in der Kindheit, im Anheimelnden, in der Harmlosigkeit eines schönen Brauchs.
Wir unterschätzen Dich als ein Erbstück unserer Tradition.
Wir überschätzen unsere Lebensregeln als Garantien von Sinn.
Ja, es ist wahr: Wir haben Dich lieber hinter uns als vor uns, lieber im frommen Ghetto als auf den Straßen des Alltags.
Öffne unsere Augen, daß sie Dich sehen – da, wo Du bist, und nicht da, wo wir Dich haben wollen.
Bewahre uns vor der Versuchung des Kleinmuts, der aus lauter Angst nichts machen kann.
Bewahre uns vor der Versuchung der Überheblichkeit, die alles machen will.
Mache uns zu Handlangern deiner Zukunft; Gott, erbarme Dich!

Zuspruch

So spricht der, der alle unsere Werke weiß: Ihr sollt mein Volk sein, und ich will euer Gott sein.
Darum wollen wir uns nicht festhalten bei unserer Vergangenheit, sondern ihm entgegengehen, ihm danken und lobsingen: Ehre sei Gott in der Höhe!

Kollektengebet

Du hast es versprochen, Gott, daß Du uns eine Tür auftun willst, die niemand zuschließen wird. So bitten wir Dich: Schließe unsere Ohren auf für Dein Wort, das uns und aller Welt Zukunft und Heil eröffnen will. Das wünschen wir uns von Dir, der Du mit Jesus Christus und dem Heiligen Geist lebst und regierst von Ewigkeit zu Ewigkeit.

Schlußgebet

Ja, Gott, um den langen Atem bitten, das wollen wir. Wir brauchen ihn, und die Welt um uns herum braucht ihn auch. Gib uns Ruhe und Klarsicht, die sich an der Gewißheit Deines Kommens orientieren.
Sei Du selbst unser Maßstab für Richtig und Falsch.
Laß uns nicht verzweifeln an unserer kleinen Kraft, sondern beharrlich und fröhlich und unverdrossen immer wieder Anlauf nehmen, um ein bißchen von Deinem Reich in unser Leben hineinzutragen.
Gib uns die Geduld, die nicht aus ängstlicher Schwäche, sondern aus freundlicher Gelassenheit kommt, weil sie weiß, daß unsere verrückte Welt eben doch Deine geliebte und erkämpfte Welt ist.
Laß uns in der Geschäftigkeit das Kraftzentrum Deiner Liebe nicht vergessen, damit wir uns und unsere Mitmenschen dort stärken und trösten können. Du bist ja nicht nur der Gott der Glücklichen. Du bist das Licht für alle.
Laß uns das Leben in Deinem Licht sehen, damit wir auch die finden, die im Dunkeln ihrer Lebensverhältnisse und ihrer Herzen wohnen.
Leuchte in die Herzen aller derer, die Macht haben, damit sie lernen, daß sie sich nicht nur vor Menschen, sondern vor Dir zu verantworten haben. Laß sie Wege zum Frieden finden, zu einem Frieden, der diesen Namen wirklich verdient und Dir damit die Ehre gibt.
Im Namen Deines Sohnes, unseres Bruders, beten wir gemeinsam: ...

Vorschläge zur Predigt

Möglicher Anfang

Und wenn nun plötzlich Schluß wäre, Ihr Lieben, Schluß mit dem vertrauten Gang des Jahres, wenn nun zum Advent Christus käme, nicht mehr in der vertrauten Gestalt des Kindes in der Krippe, sondern als der, der nun endgültig sagt, was dran ist an der Welt und unserem Leben ... ich denke, wir alle würden uns sehr wundern und uns ob solcher Ankunft erschrekken. Ein bißchen Advent, das möchte wohl sein. Aber der richtige, der große, der endgültige?
Der käme wohl zu plötzlich für uns. Denn wir sind mit unseren Gedanken ja ganz woanders: bei dem, was in der Zeitung steht, bei der Radiomeldung über das Flugzeugunglück, beim Fußballspiel unseres Vereins heute nachmittag oder beim Arzttermin morgen.
Im Hinterkopf wohnt eine Menge Dinge, die wir in diesen Gottesdienst mitgebracht haben. Und die können wir nicht einfach in den Schirmständer am Eingang der Kirche abstellen. Nein, wir bringen sie mit herein. Und das dürfen wir auch. Sie gehören zu uns. Wir wollen sie willkommen heißen in diesem Gottesdienst. Und wir wollen sie miteinbeziehen in unser Beten und Singen, in unser Hören und Antworten.
Die *Weiterführung* greift die Nachrichten der Woche auf und setzt in etwa so fort:

Das Leben stellt eine Menge Fragen an unseren Lebensstil, an unseren Glauben. Und hier im Gottesdienst erscheinen sie in einem anderen Horizont als im Stammtischgespräch, im nachbarschaftlichen Palaver, in der Kollegendiskussion oder der Gymnastikrunde. Vor Gott sieht sich manches ganz anders an als in der Kantine mit der aufgeschlagenen Zeitung als Informations- und Meinungsquelle. Wenn ein Maler das überschauen will, woran er gerade arbeitet, tritt er zwei, drei Schritte zurück, verschafft sich ein Stückchen Abstand zu sich selbst. Und genau das kann dieser Gottesdienst für uns leisten: Er stellt unseren Alltag in eine weitere Perspektive, die nicht nur vom jeweils Nächstliegenden bestimmt wird. Er läßt uns Advent nicht nur unter dem Horizont »noch vier, drei, zwei Wochen bis Weihnachten« erleben, sondern unter der Frage, was denn vor dem ankommenden Gott in unserem Leben bestehen kann.
Unser Predigttext nennt uns zwei Merkpunkte für solches Nachdenken: die Erfahrung unserer »kleinen Kraft« und das »Wort der Geduld«. Merkwürdige Ausdrücke in einem insgesamt fremdartigen Text. Wenn wir uns dieser Fremdartigkeit aussetzen, können wir manches Allzuvertraute mit neuen Augen sehen. Werfen wir also einen Blick in den Brief, den der Seher Johannes an die Gemeinde in Philadelphia schreibt!

Textverlesung.

Nicht wahr, das ist mehr als nur ein bißchen Distanz. Das sind nicht nur 2000 Jahre Abstand, sondern in der Hälfte des Textes mehr als zweieinhalbtausend Jahre. Denn der Verfasser schöpft mit beiden Händen aus dem Alten Testament, besonders aus dem Jesajabuch. Eine fremde Bilder- und Vorstellungswelt, in der wir uns erst einmal zurechtfinden müssen. Deshalb ein paar Anhaltspunkte zur Orientierung.
Die Offenbarung des Johannes ist das Werk eines uns ansonsten unbekannten Sehers Johannes, der zur Zeit der Abfassung auf der Insel Patmos lebt, ein paar Seemeilen vor dem kleinasiatischen (heute türkischen) Festland. Weit weg von Palästina, weit weg von Jesus von Nazareth. Ebenso wie die Gemeinden, denen er schreibt. Die liegen allesamt auf dem Festland, unerreichbar für den einsamen Verbannten auf der Insel.
Aber die Distanz zu Jesus ist nicht eine räumliche, sondern auch eine zeitliche: Mindestens 55 Jahre, wahrscheinlich noch einige mehr, liegen die dramatischen Ereignisse von Jerusalem zurück. Aber der Abstand schafft keine Entfremdung. Ganz im Gegenteil! Jesus ist nahe, sehr nahe, bedrängend nahe. Freilich nicht als der verborgene Christus, als Krippenkind und Wanderprediger, sondern als der kommende unwiderstehliche Gott. Und der wird sich genau anschauen, wie die Gemeinden mit dem ihnen anvertrauten Wort umgegangen sind. Johannes blättert eine Art

Musterbuch in den sieben Sendschreiben an die kleinasiatischen Gemeinden durch. Und findet dabei in Philadelphia eine, die es richtig gemacht hat: Weil du mein Wort von der Geduld bewahrt hast, darum will ich dich auch bewahren.

Das ist's! Wer sein Wort bewahrt, bleibt bei ihm selbst. Man braucht gar keinen Hautkontakt zu Jesus. Man muß nicht mit ihm durch Galiläa und Judäa gezogen sein, um zu seinen Leuten zu gehören. Um zu ihm zu gehören, muß man auf ihn hören. Man muß nach seinem Willen fragen und danach tun. So wie Martin Niemöller ebenso einfach wie eindrücklich gefragt hat: »Was würde Jesus dazu sagen?« (Das könnte auf die Gemeindesituation hin konkretisiert werden.)

Was wir tun, was uns beschäftigt, unsere »mitgebrachten Gedanken« in Beziehung setzen zu Jesus (»relativieren«), mit seinen Augen anschauen, so gut wir's eben können ... das ist Vorbereitung auf sein Kommen.

Da muß beileibe nichts Großartiges herauskommen. Und wir brauchen auch nicht groß rauskommen. Wir brauchen, ja wir dürfen uns nicht messen lassen an den Idealen des perfekten Festes, das uns – allerdings unter Auslassung des Namens Jesu – auf allen Zeitungsanzeigen angepriesen wird.

Denn wir haben – mit den Worten des Johannes – nur eine »kleine Kraft«. Und das ist gut so. Die kleine Kraft, das ist es, was Kirche haben und bewähren soll. Wenn sie es zu einer großen Kraft gebracht hat, dann war sie nicht stark im Sinne Jesu; dann war sie in aller Regel der Versuchung zur Macht schon erlegen, der ihr Meister so vorbildhaft in der Versuchungsgeschichte widerstanden hat. So wie er gekommen ist zu denen, die wissen, daß sie »schwach« sind, so gilt seine Verheißung nicht den Starken – die sollen sich selbst helfen, wenn sie es denn können! –, sondern den »Geringen«. Unser Gott verlangt von uns gar nicht die Stärke an der falschen Stelle, sondern den Mut und die Zähigkeit, mit unseren geringen Mitteln auf sein Kommen zuzugehen, seine Wahrheit, seine Wertmaßstäbe bekanntzumachen.

Mit Geduld! Nicht mit Starrsinn und nicht mit masochistischer Freude am Getretenwerden. Was ist das für eine Geduld? Es ist die Gelassenheit derer, die wissen, daß sie unterwegs sind. Daß sie gar nicht unbedingt bei ihm angekommen sein müssen, weil er doch selbst zu uns kommt. Die Unvollendetes weitergeben können, weil sie ihm zutrauen, daß er die Bruchstücke fügen wird. Es ist die Geduld mit der eigenen Unvollkommenheit, und es ist die Geduld der ununterbrochenen Abschaffung dieser Unvollkommenheit.

Das ist die Zusage für die Gemeinde mit der kleinen Kraft: Wenn du das, was du kannst, einsetzt, dann wirst du gegen allen Augenschein die anderen dazu bringen, »daß sie kommen sollen und zu deinen Füßen niederfallen und erkennen, daß ich dich geliebt habe.«

Also doch eine große Kraft?
Nein. So redet man eben, wenn es um die Völkerwallfahrt geht zum Zion – am Ende aller Tage, wenn Krieg und Gewalt ein Ende haben werden, weil nun alle Welt die Weisung aus Zion hören und befolgen wird. Also nicht um eine Kirche des versteckten Triumphes geht es, die nur auf die Chance lauert, letztendlich als die große Siegerin dazustehen, vor der die anderen in die Knie gehen, sondern um die Aufgabe, die anderen dazuzuholen, sie in die Gemeinschaft der Freundinnen und Freunde Jesu einzubürgern. Sie zu erinnern, daß hinter den vielen kleinen Adventen der große Advent steht. Und daß wir uns auf den freuen dürfen.

Schluß
Das ist der Horizont, in den unsere Gedanken, Freuden und Sorgen heute am 2. Advent eintreten (hier können nochmals die Ereignisse der Woche aufgerufen werden):
Unsere Welt mit ihrer vielfältigen, verwirrenden angstmachenden Geschichte hat trotz allem eine Verheißung vor sich, nämlich, daß auch die schlimmsten Menschenverächter und Gottesleugner herzugebracht werden sollen zu den Bekennern, daß die Opfer der Geschichte von Gott nicht vergessen werden – und daß das alles etwas mit unserer kleinen Kraft zu tun hat. Mit unserer Beharrlichkeit, nach dem Richtigen zu fragen, mit unserer Ehrlichkeit, die Dinge beim Namen zu nennen, mit unserer Gelassenheit, die Übel zu ertragen und ihnen gleichzeitig zu widersprechen ...
Unvollkommen zwar, aber notwendig, damit die Hoffnung nicht stirbt. Und wer anders als wir sollte denn der Welt eine Zukunft zubilligen können? Wir, die wir glauben, daß das letzte Wort noch längst nicht gesprochen ist. Wir, die wir darauf setzen, daß nicht der Tod die letzte Instanz ist, sondern der Gott des Lebens. Wir schauen zurück auf den Stall von Bethlehem und nach vorn auf den Stuhl des Gerechtsprechenden.
Das ist eine Perspektive, die reicht hinaus über diesen Tag, über diese Adventszeit, über unser ganzes Leben. Sie kann uns Mut machen, unser alltägliches Leben getrost als Gottesdienst der anderen Art anzupacken und mit unserer kleinen Kraft das Richtige zu tun, so gut wir's halt können. Was in der Zeitung steht, kriegt eben seinen Sinn von dem, was nicht in der Zeitung steht. Vom großen Advent des »kleinen« Gottes.
Wer Ohren hat, der höre, was der Geist den Gemeinden sagt. Amen.

Kontexte

»Schlüssel Davids«: »Heut schleußt er wieder auf die Tür zum schönen Paradeis ...« (EKG 21, Vers 6)

Stichwort »Geduld«: Michael Ende erzählt in seiner Geschichte »Tranquilla Trampeltreu« von einer Schildkröte, die zur Hochzeit König Leos XXVIII. geht und, nur langsam vorankommend (»über Stock und Stein, durch Wald und Hain«), schließlich rechtzeitig eintrifft – zur Hochzeit Leos XXIX.!

Ganz anders Faust, der sich gegen jede Art von Benebelung wendet und kurz vor dem Abschluß des Teufelspakts sagt (Faust I, Verse 1587–1606):

»So fluch ich allem, was die Seele
Mit Lock- und Gaukelwerk umspannt,
Und sie in diese Trauerhöhle
Mit Blend- und Schmeichelkräften bannt! ...
Fluch sei dem Balsamsaft der Trauben!
Fluch jener höchsten Liebeshuld!
Fluch sei der Hoffnung! Fluch dem Glauben!
Und Fluch vor allem der Geduld!»

Raul Niemann hat einen schönen Brief geschrieben »An Johannes, den Seher auf Patmos«, der in dem Sammelband »Liebe Maria, lieber Petrus« (Gütersloh 1987) abgedruckt ist und eine einfühlsame, wenn auch im Detail anfechtbare Interpretation der Apokalypse anbietet. Daraus einige Zeilen:

»Weißt Du, Johannes, ich versuche gerade, mir das mal ganz real vorzustellen: wie Du da auf der einsamen Insel in der Ägäis hockst, vielleicht wunderlich eremitenhaft mit dem abwesenden Blick eines wahnsinnig Entrückten im heiligen Delirium, zwischen zerklüfteten Felsen hausend und ruhelos am Strand umherirrend, ständig von diesen entsetzlichen Schreckensvisionen heimgesucht, über Dir die gleißende Sonne, Deine fiebrigen Augen blicken in das heiße, gläserne Flimmern über dem grellen Sand des trostlosen Eilands, keine Menschenseele, einzig Du hier, furchtbar allein, nur immer wieder diese schrecklichen Gesichte, diese überweltlichen Stimmen und Bilder, diese kaum zu ertragenden Erscheinungen aus der Zukunft, die so unfaßbar greifbar nahe sind, daß sie Dich auf den glühenden, ausgedörrten Boden werfen. Erst am Abend, wenn die Kühle der einbrechenden Nacht aufkommt und Dich angenehm umfächert – dann endlich findest Du, Deine aufgewühlte Seele und Dein erschöpfter Körper, allmählich Ruhe, Stille, Kraft und Zeit zur Besinnung, zum Nachdenken, Überdenken, Verarbeiten all der übersinnlichen Heimsuchungen. Und dann schreibst Du bei flackerndem Feuer mit noch zitternder Hand auf, was Du gesehen und gehört hast, Wort für Wort, Satz für Satz, Kapitel für Kapitel. – So könnte es vielleicht gewesen sein.» (S. 110)

»Warten«:
Jeden Abend stand er an der Sperre,
ein armer, alter, gebeugter Mann.
Er hoffte, daß einmal Gott ankäme!
Es kamen immer nur Menschen an.
(Erich Kästner, Bahnhofsvierzeiler, in: Kurz und bündig, Stuttgart, 1956)

»Es wird nicht immer so weitergehen! – Apokalypse als Enthüllung der Macht« (Jürgen Ebach, Vortrag bei der Tagung 21.–23.11.1986 in der Ev. Akademie Hofgeismar, abgedruckt in Anstöße 4/1987, S. 134–145):

»Wir werden es nicht zulassen, daß eine Welt als erlöste ausgegeben wird, in der Leid, Mühsal, Tränen und Tod herrschen. Wir werden uns bemühen, Leid, Mühsal, Tränen und Tod zu verringern, soweit es an uns liegt. Unsere Hoffnung aber geht über das politisch Machbare hinaus. Wir werden politisches Handeln nicht mit Erlösung verwechseln.« (145)

Gedankensplitter:
Die »schwache Kraft« ist in der gegenwärtigen Physik die wichtigste der Kräfte. Ein muskelprotzender Glaube ist gefährlich.
Johannes soll schreiben, nicht reden. Geht es schon um Literatur?
Fast 2000 Jahre Advent! Wann ist Advent?
Nichts gegen die Sternstunden! Aber sie sind nur die halbe Wahrheit. Die andere Hälfte – das ist der Alltag.

3. Sonntag im Advent

Predigttext: Offenbarung 3,1–6
Heinz Behrends

Theologisch-homiletische Skizze

Der alte Seher Johannes hat seine große Vision vom Ziel der Zeit und des Lebens und scheut nicht die Konkretion im Blick auf die ihm vertrauten sieben Gemeinden. Ich empfehle, die Sendschreiben noch einmal im Zusammenhang zu lesen, um die Blickrichtung und Akzentuierung der Botschaft zu erkennen, zumal am 2. Advent über das Schreiben an die Gemeinde in Philadelphia gepredigt wurde.
Die Aktualität des Schreibens ermutigt Prediger wie Predigerin, selber gemeindebezogen zu reden. Die Geschichte der Stadt Sardes steht dazu anregend im Hintergrund: ehemals Hauptstadt des sagenhaften Königs Krösus; Erdbeben im Jahre 17 n.Chr.; Wiederaufbau; Tempel der Artemis; römische Besatzung; stetiger Niedergang der wirtschaftlichen und politischen Bedeutung, aber noch eine wohlhabende, selbstbewußte Schicht. Gab es in der Gemeinde viel Betriebsamkeit? »Du hast den Namen, daß du lebst.«
Die vielen Bilder des Textes können den Prediger nicht leidenschaftslos lassen: Engel, Geister, Stern, Dieb und Nacht, weiße Kleider, Buch des Lebens. Hier spricht jemand aus Liebe und verheißt Zukunft. Die Verben des Textes verstärken die Emotionalität des Schreibens: leben und tot sein, schlafen und wecken, erinnern und stärken, prüfen und Buße tun. Der Seher wirbt um die Menschen. So ist die Intention des Textes in Vers 2/3 zu finden: Werde wach, erinnere dich und tue Buße.
Die Anknüpfung an das Kirchenjahr (3. Advent, Tag des Täufers, Bußruf), die Einschätzung, daß die Hörer im Advent sensibel und hellhörig sind, und die Absicht des Textes begründen meine homiletische Entscheidung, die Buße zum Thema der Predigt zu erklären. Der Prediger prüfe selbst, ob der auffordernde Sprechakt des Textes für die Predigt angemessener erscheint als die Absicht des Sehers, die Menschen mit seiner Verheißung des Lebens zu gewinnen und den Gott zu preisen, der für die Gemeinde kämpft.
Das Schreiben nach Sardes ist an eine Gemeinde gerichtet, der Ruf des Täufers an einzelne. Beide Aspekte sind nicht voneinander zu trennen. Das Schreiben differenziert zwischen den Sterbenden und den Treuen im Glauben. Der Prediger wird sich nicht die Kompetenz der Differenzierung im Hinblick auf seine Gemeinde zusprechen können. Doch muß er sich mit der »Erwecktheit der vermeintlich Wachen und Bewußten auseinandersetzen« (Adloff, Die Predigtwoche), mit den Frommen, Aufgeklärten, den politisch und sozial Engagierten. Erst wer sich selbst in täglicher Buße weiß, kann sich in aktueller Wachsamkeit als Gegenüber anderer Menschen und der Welt verstehen. Der Prediger weiß in der Regel wenig vom persönlichen Schulderleben und den konkreten Verirrungen der Hörer. Das zu erschließen ist

Aufgabe des seelsorgerlichen Gesprächs. Aber er kann den Weg, die Schritte der Buße beschreiben, in die der Hörer seine Konkretion eintragen kann. Die Urgeschichte der Buße bleibt die Geschichte Jesu vom verlorenen Sohn und vom liebenden Vater, dessen Tun dem unseren vorausgeht.
Ich habe eine Gemeinde vor Augen, die am Sonntag vor Heiligabend mit Weihnachtsvorbereitungen angeregt und belastet ist. Zu den regelmäßigen Besuchern kommen Menschen verschiedenen Alters, die in meiner Innenstadtkirche deutende und helfende Worte suchen. Sie sind weder mit Schelte noch mit Verniedlichungen zu überzeugen.
Wer einen Taufgottesdienst plant, findet im Text reichlich Anknüpfung. Taufe des Täufers, Taufe als Verheißung neuen Lebens, Bußruf. Das Bild vom Taufkleid, dem weißen Kleid, und das Nennen des Namens bei der Taufe (Buch des Lebens) sind Material für die Predigt. Als Taufspruch eignet sich Eph 4,24: »Zieht den neuen Menschen an.«

Vorschläge zur Liturgie

Kollektengebet

Reiß die Wolken auseinander und komm.
Hier, jetzt, sei unser Gott – wer sonst?
Niemand sonst hat uns gesucht,
niemand hat unser forteilendes Herz
umgewendet, unsere widerspenstige
Seele angeredet als du.
Niemand sonst hat gerufen
wie ein Verliebter: hier bin ich,
das ist mein Leib, öffne mich, iß mich,
trink meine Seele, verteil mich, hier bin ich.
Wie ein Verlorener hast du gerufen,
und unser Herz kehrte um und hörte.
(Huub Osterhuis, Auf halbem Weg)

Fürbittengebet

Komm entgegen dem Heruntergekommenen, den das Leben gelehrt hat, der nur glauben kann, was er sieht: der spießig Einsame, der Verbitterte, der Spottsüchtige, Murrende, der am Herzen Verdorrte.
Salbe seine Wunden, seine entzündete Haut, laß wieder aufwachen seine Sanftheit. Gib ihm die Augen des Kindes zurück.
Die Gedankenlosen, die Abgestumpften, die Harten, die nicht zu erweichen sind, die nichts vom Elend der anderen hören wollen, sie, die nicht wissen, was sie tun: Hab noch Geduld mit ihnen.
Aber die Menschenmörder, die Weltverteiler, die Raubsüchtigen, all die Großen der Erde: fordere sie doch heraus, der Mensch zu werden, den du in ihnen gesehen hast.

Der du niemand nach dem Augenschein beurteilst, der uns befiehlt und bittet, deine rechte Hand zu sein, die tut, was getan werden muß, der hofft, daß wir mit offenem Gesicht dein Leuchten weitergeben, der uns zu einem Spiegel schleift, in dem dein Kommen sichtbar wird, der du uns suchtest, als wir dich nicht suchten:
Du beugst dein Herz zum Erbarmen und wendest dich uns zu.
Komm uns entgegen.
(Huub Osterhuis, Auf halbem Weg)

Lieder
EKG 9 und 14; Kehret um, und ihr werdet leben; Vertrauen wagen; Gott hat sich allen vorgestellt (alle: Kirchentagsliederheft '83 bzw. Beiheft). Und suchst du meine Sünde, flieh ich zu dir (Text nach Schalom Ben-Chorin, In: Neue Lieder, Hänssler-Verlag, 1967)

Vorschläge zur Predigt
Möglicher Anfang
Eigentlich wollte er gar nicht zur Gemeindeversammlung heute abend gehen, lieber noch etwas arbeiten in seinem Wollgeschäft. Aber er hat sich nach Wochen mal wieder aufgemacht zum Versammlungsraum im Haus des Dimitrius. Es ist ja eigentlich auch immer was los in der Gemeinde, so manches Angebot wird da gemacht. Die Leute, die ihm auf dem Marktplatz begegnen, scheinen seinen Problemen fern zu sein. Sie sitzen draußen und sind fröhlich. Längst ist die schlimme Zeit des Erdbebens vergessen, die Spuren an den Häusern sind beseitigt, der Tempel der Artemis steht mitten in der Stadt und im Leben. Auch er hat dort vor Jahren seine Opfer gebracht. Es hatte seinen Reiz gehabt, genau zu wissen, was man für die Götter zu tun hat, opfern. Als ein Freund ihn mit in die kleine Gemeinde der Christen mitgenommen hatte, fand er das richtig befreiend, was er gehört hatte von der Hoffnung, der Liebe und dem Weg. Aber der Alltag ist hart. Man muß ja leben, kann doch nicht alle Freunde aufgeben, die nicht zur Gemeinde gehören. Dies und vieles mehr geht ihm durch den Kopf, als er versonnen durch die Straßen der Stadt Sardes geht. In der Gemeinde empfangen sie ihn freundlich, doch macht sich bald Aufregung breit. Nach dem Geplauder und dem Gebet steht der Vorsteher auf: Wir haben einen Brief von dem großen Seher Johannes bekommen. Und er liest ...
O weh, das haut rein. Das trifft. Wen mag er meinen? Das ist viel auf einmal. »Dieb, Nacht, deine Werke abgewogen; man sagt, ihr seid lebendig, aber ihr seid tot.« Wenn der Seher mich besser kennen würde! Aber er findet Gefallen an den Bildern, den Kleidern, dem Buch. Ach ja, so schön wie meine Frau an den festlichen Tagen im weißen Kleid.

Der Vorsteher spürt die Betroffenheit der Leute. Sie ist mit Händen zu greifen. Johannes hat die Gemeinde in Besudelte und Reine eingeteilt. Wie können wir da eine Gemeinde bleiben? Ist das nicht ein Ruf an uns alle? Er betet in der Stille. Wie er doch um uns kämpft und uns nicht aufgibt! Und dann redet er: »Werde wach, schreibt Johannes, lebe. Schwestern und Brüder. So gedenke, wie du empfangen und gehört hast, und halte es fest und tue Buße.« Ist nicht unser Herr ein Liebhaber des Lebens und kein Freund des Todes? Hat er nicht uns die große Geschichte von der Freude der Buße erzählt, von dem Sohn, der zu seinem Vater zurückkehrt! Und dann erzählt er die Geschichte mit ganz neuem Zugang. Und sie hören alle zu.

Ich weiß nicht, ob das damals so in der Gemeinde in Sardes gewesen ist. Ob der Bußruf sie unvermittelt traf, obwohl sie ihre innere Müdigkeit spürten. Vieles war in Sardes anders als bei uns. Aber auf einen Bußruf sind wir eine Woche vor Heiligabend auch nicht eingestimmt. Obwohl so mancher spürt, daß es unter den Bedingungen des Alltags so etwas wie »eine schweigende Beendigung« (Steffensky, Feier des Lebens) des Lebens gibt. Die Dinge des Lebens wiederholen sich, die Gedanken bleiben dieselben, die Lebensumstände unverändert, die Beziehungen ungeprüft. Selbst in so kleinen Dingen wie den Weihnachtsvorbereitungen mag alles so sein wie im letzten Jahr und im letzten Jahr wie im Jahr davor. Da hat man sich mit allem eingerichtet, und das Leben erschöpft sich darin, zu verteidigen, was ist. Das ist eine schleichende Beendigung des Lebens, obwohl man dauernd in Bewegung ist.

Zum weiteren Verlauf

»Werde wach und stärke das andere«, d.h. eine »Unterbrechung der glatten Abläufe« (Steffensky), stehen bleiben auf einem Weg, auf dem man seine Müdigkeit bald spüren wird oder schon empfunden hat.

Der Prediger kann hier innehalten, um Raum zu geben für die Entdeckung eigener Erfahrungen.

Unterbrechung der Abläufe kann zum Aufatmen helfen, aber eine Störung des Lebens kann auch Angst machen. Was verliere ich? Wovon muß ich Abschied nehmen? Niemand kann es zulassen, seine bisherige Lebensgeschichte zu diffamieren.

Der Ruf zur Buße muß sagen, wohin er ruft. Das ist ein Lockruf, ein Ruf zum Leben, nicht in die Vernichtung. Das ist eine Einladung zur Feier (siehe verlorener Sohn), zur Hochzeit (weiße Kleider). Buße ruft zu einer Erfahrung von Reichtum, Schönheit und Leben.

Ein Bußruf muß sagen, woher er kommt.

Es gibt eine gemeinsame Herkunft der Menschen.

»Die Buße beginnt damit, daß man sich des Anfangs erinnert. Es gibt keine so demütigende, aber auch keine so stärkende Tatsache wie die Rückkehr zu dem gottgesetzten Anfang, da der Glaube begann.« (Hanns Lilje)
Der verlorene Sohn erinnert sich seines Vaters. Welche Erinnerungen habe ich? Die Erinnerung an den guten Anfang, den Gott in der Schöpfung gesetzt hat. Er will mein Leben, er will diese Welt.
Der Anfang meines Glaubens, langsam gewachsen oder in einem Augenblick erkannt und gesetzt, kann Maßstab der Prüfung meines Weges sein und Grund zur Freude.
Die Erinnerung an manche Bewahrung im Leben zu Hause und woanders kann mich zu dem guten Anfang zurückführen.
Ich möchte hier den Hörern Raum lassen zur eigenen Erinnerung.
»Was habe ich mit den Wiederholungen und Fortschreibungen meines Lebens an Leben gewonnen? Die Buße beginnt damit, daß ich mich des Anfangs erinnere. Und der ist immer von Gott in Liebe gesetzt. Er hat von mir keine Vorbedingungen gefordert. Er ist all meinem Tun voraus. Er hat das Haus eingerichtet. Nun kann ich meinen Weg unterbrechen, umkehren, heimkehren und mich neu ausrichten.«
Bußrufe sind immer Verlockungen und Verheißung der schönen, weißen Kleider. Jesus hat zur Buße gerufen, indem er sich zu Zöllnern und Sündern an den Tisch setzte, um einen Anfang zu setzen oder die Erinnerung des gesetzten Anfangs zu wecken.
Erst jetzt kann ich über Konsequenzen für das Handeln nachdenken.
Der Bußruf verheißt ein unglaubliches Leben in Fülle, aber ruft auch auf zu Bescheidenheit und Wachsamkeit.
Bescheidenheit. Der heimkehrende Sohn will es sich genügen lassen, ein Tagelöhner seines Vaters zu sein. Wieviele Menschen arbeiten verborgen, kaum erkannt in unserer Gemeinde, tragen nicht zu sichtbarem Leben bei. Sie beten, sie helfen still.
Wachsamkeit. Bußfertige Menschen üben sich in aktueller Wachsamkeit. Sie sehen, wo überall Leben zerstört oder verhindert wird. Hier sind aktuelle Bezüge zu nennen. Im Advent '88 war es die Solidarität mit dem Volk Armeniens und der Protest gegen die Tiefflüge.
Ziel der Buße kann nie eine neue Werkgerechtigkeit sein.

Schluß
»Wenn Gott uns zur Buße ruft, dann nicht zu größeren Anstrengungen oder neuen Programmen oder guten Vorsätzen, sondern er ruft uns zum Loben auf.
Darum lobe ich den Gott, der schon alles für uns getan hat.
Dann ist es auch gut und angemessen, daß wir am nächsten Sonntag den Anfang, den Gott im Stall von Bethlehem gesetzt hat, ausgiebig feiern.«

Kontexte

Bußrufe sind Verlockungen zu einem Leben, das noch aussteht und noch nicht versucht wurde. Was Lernen, Veränderung und Bekehrung möglich macht, das ist nicht allein die Aufdeckung des bisherigen Elends, sondern die Erwartung eines bisher noch nicht eingelösten Versprechens von Glück. Bekehrung kommt nur zustande, wo große Träume von menschlichem Glück eingeübt werden.
(Fulbert Steffensky, Feier des Lebens)

Nachdem Pfarrer Wright in Yonderton die ersten Sonntage in der leeren Kirche gepredigt hat und bei seinen Besuchen gehört, die Kirche sei tot, gab er eine Traueranzeige im Lokalblatt auf. »Mit dem Ausdruck des tiefsten Bedauerns und mit Zustimmung seiner Gemeinde meldete Pfarrer Wright den Tod der Kirche St. Francis zu Yonderton. Trauer- und Gedächtnisfeier findet am Sonntagmorgen um 11 Uhr statt. Die Bewohner von Yonderton sind herzlich eingeladen, an diesem letzten Akt der Dorfkirche teilzunehmen.« Es braucht nicht erwähnt zu werden, daß die Anzeige heftig diskutiert wird. Was immer auch geredet wird, am Sonntag früh um 10 erlebt Yonderton eine wahre Invasion. Um halb elf ist die Kirche überfüllt. Vor dem Altar steht ein schlichter Eichensarg, nur mit einem Kreuz verziert. Um 11 besteigt der Pfarrer die Kanzel, verweilt im Gebet und spricht: Meine Freunde, bevor wir mit der Trauerfeier beginnen, muß ich ausnahmsweise die auswärtigen Besucher bitten, die Kirche zu verlassen, um Platz zu machen für unsere Gemeindemitglieder, die noch draußen warten. Nach langem Schweigen folgen sie seiner Bitte, und er holt die letzten herein. ›Dies geht nur uns etwas an und taugt nicht für Geschwätz‹, sagt er. ›Sie haben mir klar gemacht, daß sie überzeugt sind, die Kirche sei tot und jeder Wiederbelebungsversuch sei zwecklos. Ich möchte ihre Meinung ein letztes Mal prüfen. Gehen Sie am Sarg vorbei, schauen hinein und verlassen die Kirche durch das Ostportal. Ich werde die Feier dann mit einem Gebet beschließen. Wer seine Ansicht ändern möchte, komme durch das Nordportal wieder herein. Ich werde dann mit ihm ein Dankgebet sprechen. Und nun bitte, gehen Sie.‹ Der Pfarrer öffnet den Sarg. Die vorbeigehen, schauen betroffen hinein. Als die letzten vorbeigehen, kommen die ersten schon wieder durch das Nordportal hinein. Im Sarg liegt – ein Spiegel. Wer hineingeschaut hat, hat sich selbst gesehen.
(Nach: Arbeitshilfe für den KU, Gelnhausen)

Wunschbilder sind für den Prediger trügerische Ratgeber. Eines der trügerischen Wunschbilder heißt: Lebendige Gemeinde.
(Kristlieb Adloff, Die Predigtwoche)

Übersetzung des Predigttextes von Walter Jens in: »Das A und das O.«

4. Sonntag im Advent

Predigttext: Jesaja 52,7–10
Claus Altrock

Theologisch-homiletische Skizze
Die Exegese (Band 4) führt in die innere Spannung unseres Textes gut ein: »Ein historisches Geschehen wird von dem Propheten als Heilstat Jahwes für sein exiliertes Volk gedeutet ... sie sollen in ihrer Heimkehrhoffnung bestärkt und getröstet werden.« Nur: der historische Kontext ist hier nicht greifbar, die Erwähnung der Berge rund um Jerusalem ist der einzige Hinweis darauf, daß der Bote im Angesicht der zerstörten Stadt Jerusalem (»Trümmer«) seine Vollzugsmeldung (»Jahwe ist inthronisiert – zum Heil seines Volkes Israel«) erstattet. Alles, was wir zur Situation entdecken können, stammt aus dem Kontext, vor allem aus dem, was zu Jes 40 gearbeitet worden ist. Mir hat eine Predigt von Hans Walter Wolff (Atl. Predigten, Neukirchen 1956, Seite 99–100) weitergeholfen. Er deutet jene Hörergemeinde in Babylon typologisch: »Sie (die erste Hörergemeinde) ist bezeichnend für die Lage der Kirche in der Welt, ... ein Muster der Kirche heute.« Diesem Ansatz entsprechend deutet er die Adressaten der vier Bilder des Textes: »Er (der Prophet) sieht einen Melder über die Berge dem heimatlichen Zion zueilen.« – »Er sieht Späher auf Zions Mauern, die den Boten entdecken.« – »Er sieht die Trümmerstätte Jerusalem.« – »Er schaut im Umkreis um die Stadt, wie ein Neues beginnt, wie eine gewaltige Tribüne, wie Gott persönlich das von ihm erwählte und gestrafte Volk überlegen befreit.« Mit H.W.W. möchte ich genauer nach den Adressaten der Botschaft fragen.
Jedoch, wem werden wir am 24. Dezember ’89 im Gottesdienst begegnen? Gewiß werden viele Prediger schon Wochen vorher überlegen, wie sie mit der vielfältigen Belastung der Festtage und mit sich in dieser Zeit umgehen. Ich versuche, mich an eine vergleichbare Situation zu erinnern: Heiligabend und 4. Advent fallen zusammen. Wen haben wir wann, wozu eingeladen? Mir fallen drei Zielgruppen ein:
1. »Kindergottesdienstweihnachtsfeier« mit Eltern und Kindern aus den Kindergruppen der Gemeinden. Wer diese Zielgruppe nicht in die erste Christvesper zieht (wie meine Nachfolgerin in der Gemeinde), könnte diese »Feier« auf den Spätnachmittag des 23. Dezember legen. Kann ihm dieser Adventstext dann helfen, die Vorfreude der Kinder etwas zurückzuhalten, in einer kurzen Meditation zu klären, worauf wir denn warten mit Israel und der Welt (Vers 10)?
2. Bittgottesdienst für den Frieden. Der vorige Bearbeiter dieses Textes (Gottesdienstpraxis VI.1, 1983, S. 28 ff.) denkt an einen Bußgottesdienst, eine Besinnung am Ende der Adventszeit, was unser Bemühen um den Shalom (den wir mit dem Freudenboten verkündet haben) zu uns und durch uns verhindert oder bewirkt hat. Wer hat eine Mitarbeitergruppe, die sich am Heiligabend morgens zu einer solchen Besinnung mit wacher Selbstkritik anleiten läßt?

3. Ansingen der Weihnacht mit Menschen, die Zeit haben, die abends nicht aus dem Haus gehen können, die ganz bekannte Lieder suchen, vielleicht ein oder zwei Texte meditieren wollen.
Ich halte diese dritte Zielgruppe für wahrscheinlicher. Darum habe ich viele Advents- und Weihnachtsliedertexte neu gelesen (»Lasset uns singen in der Weihnachtszeit«. 578 Lieder und Kanons, Hildegard Meyberg, Mafeking/Südafrika). Ein erstes Zwischenergebnis: Motive aus Deuterojesaja tauchen in Weihnachtsliedern nie auf, wohl aber gelegentlich im Advent. Darum entwerfe ich einen Gottesdienst, in dem viele Adventslieder gesungen oder anmeditiert werden können. Ob eilige Leser damit etwas anfangen können?

Zur Liturgie

Lieder

EKG 6: Macht hoch die Tür (besonders Vers 1 und 3); 12: Dein König kommt in niedern Hüllen (besonders Vers 5 und 6); 13: »Tröstet, tröstet«, spricht der Herr (Vers 4 und 6); 216: Wach auf, du Geist der ersten Zeugen (Vers 1 und 5); 272: Kommt, Kinder, laßt uns gehen (Vers 1 und 7); Gotteslob 106: Kündet allen in der Not (Vers 1 und 2); Singe, Christenheit 603: Tochter Zion; 700: Komm, sag es allen weiter (engl.: Go, tell it in the mountain, that Jesus Christ is born); Herr, wir warten auf dein Kommen (besonders Vers 4); Wir kommen und wir bringen; Es ist ein Wort ergangen (Vers 4 und 5); Taizé-Lieder: Jubilate (Praetorius); Laudate omnes gentes

Lesung

Lukas 1,40–55; Johannes 1,19–23

Psalmgebete

68,5–71, 20+21; oder 47. (Achtung: Kanaanäisches Gottesprädikat im Vers 5: »der auf den Wolken einherkommt«.)

Aufforderung zu Bittruf und Lobpreis

Herr, du kennst unser Elend. Wir reden miteinander und verstehen uns nicht; wir schließen Verträge und vertragen uns nicht; wir sprechen vom Frieden und leben im Streit. Zeige uns Wege zur Umkehr. Sende uns deinen Geist, damit er den Kreis des Bösen durchbricht und der Welt Hoffnung gibt.
Mit allen, die auf sein Kommen hoffen, laßt uns anrufen:
Herr, wir vertrauen auf deine Zusage: Du erlöst dein Volk. Du wirst ihm die Freiheit schenken. Du kannst Trümmer mit Leben erfüllen.
Mit allen, die auf seine Verheißung trauen, laßt uns lobsingen.

Kollektengebet

Ich bete zu Dir, mein Gott, und nenne Deinen Namen, aber ich kann Dich nicht erfassen, denn Du bist größer als ein Name und kleiner als ein Wort, stiller als alle Stille der Welt. Mach mich empfänglich für Dich, gib mir ein lebendiges Herz und neue Augen, um Dich zu sehen, den Verborgenen und Unsichtbaren, um Dich anzunehmen, wenn Du in Ohnmacht erscheinst, um in meiner eigenen Schwäche und im Tod zu wissen, wer Du bist. Amen
(H. Oosterhuis. Ganz nahe ist dein Wort, S. 81)

Gebet

Herr, mache uns zu Helfern deiner Freude, daß wir trösten, wo Menschen trauern, daß wir sie besuchen, wenn sie vereinsamen, daß wir helfen, wo sie in Not geraten, daß wir ihnen Hoffnung geben, wenn die Sorge sie erdrückt, daß wir Licht bringen, wo sie in Leid versinken, daß wir Wärme schenken, wenn sie im Zweifel erstarren, daß wir ihnen vertrauen, auch wenn sie am Glauben irre werden. Herr, wir wissen, daß wir ohne deine Nähe das Leben verlieren. Dir danken wir die Freude, die wir haben, das Vertrauen, das uns stärkt, die Güte, die uns tröstet, den Frieden, der uns bewahrt. Laß uns dir ähnlicher werden, laß uns aus der Freude an dir Gutes sagen, den Frieden suchen, das Heil glauben, mit unserem Leben dein Kommen ankündigen. Amen.

Predigt

Möglicher Anfang

»Tochter Zion«, haben wir eben miteinander gesungen. Es klingt in mir noch nach. Auch wenn wir heute ein paar weniger sind als sonst in dieser Adventszeit, klingt das Lied gut. Dabei schwingt vielleicht mit, daß wir dieses Lied schon manchmal in großer Runde – z.B. neulich beim Altennachmittag – aus vollem Herzen gesungen haben, und kräftig, so, wie wir uns Händels Musik eben vorstellen.
Ich möchte Sie heute einladen, den Texten einiger Adventslieder nachzusinnen und mit mir auf die Worte zu achten, herauszuhören, wie sie den Lobpreis der Bibel aufnehmen! Ich lade Sie dazu ein, weil unser Schriftwort ein Jubellied aus dem 6. Jahrhundert vor Christus ist. Ich denke, wir werden ihm eher gerecht, wenn wir es als Lied unter Liedern aufnehmen. Während die Orgel jetzt noch einmal eine Strophe von »Tochter Zion« intoniert, lesen Sie bitte aufmerksam den Text der ersten Strophe.

Orgelchoral

Der Dichter nimmt uns mit nach Jerusalem. Er gibt den Freudenboten des Jesajatextes Stimme; er ruft zum Jubeln, zum Jauchzen, zum Mitfreuen

auf. Worüber? Nun, Gott zieht als König in Jerusalem ein, er gründet sein (ewiges) Reich, er erweist sich als Friedefürst.
Merkwürdig: Auf das Wort »Frieden« reagieren wir noch immer mit Kopf und Herz und mit viel bangem Hoffen. Shalom, Friede, Glück und Segen, Shalom, der von Gott ausgeht und in Jerusalem anfängt ... Da wird die Distanz von Zeit und Ort unwichtiger, und die gemeinsame Hoffnung vieler Menschen wird lauter. Bringt der Gott Israels Frieden?
Vielleicht blättern wir in unserem Gesangbuch (vergleichen wir auf unserem Textblatt): Auch das seltener gesungene Lied EkG 12 spricht vom Frieden. Gewiß: Einzug in Jerusalem, Sachariaweissagung vom demütigen Friedenskönig klingen an – aber da ist auch anderes, und es tritt mit unserer Friedenssehnsucht in ein Gespräch. Was hat unser Gott der Menschheit versprochen?
Während die Orgel die Melodie intoniert, lesen Sie bitte die Verse fünf und sechs. »Du kommst, zu erneuern deinen Frieden, dagegen sich die Welt empört ... du löschst der Zwietracht Glimmen aus, daß wir ... vereint als Brüder wieder wohnen, in dieses großen Vaters Haus.«

Wenn wir uns einfühlen in die Friedensweissagungen unseres Gottes, dürfen wir glauben, er hat sie erneuert in Christus und unter uns. Die Widerstände – in der Gesellschaft und in den Kirchen – werden ernstgenommen. Aber stärker ist der Ton der Freude: Gott kommt zu seiner Kirche, er bringt Shalom, er erneuert seinen Frieden. Können wir da einstimmen?
Gerne und oft haben wir schon gesungen »Macht hoch die Tür« mit all seinen Strophen. Die schwere Melodie, die langen Verse, die Fülle biblischer Bezüge hat uns kaum daran gehindert. Warum gehört dieses Lied für viele von uns fest zur Adventszeit, auch zu den besinnlichen Stunden des vergangenen Jahres?
Ich möchte gern jetzt den Text der ersten Strophe laut mit Ihnen sprechen. Wenn wir es ruhig tun, können die Worte in uns nachklingen. Das ist auch eine Aufzählung der Rahmenbedingungen des Einzuges Gottes in Jerusalem – aber etwas weist darüber hinaus! Der Gott, von dem so viel Gutes zu sagen ist, der Gott, der Grund zum Jubel gibt und fröhlich singen macht, der Herr der Herrlichkeit (Jahwe Zebaoth) läßt sich hier persönlich anreden: »Gelobet sei mein Gott!«

Können wir uns darüber noch wundern? Können wir es denn redlich zusammenbringen: Er ist »König aller Königreich«, Zar aller Zaren, Schah in Schah, er wird Weltherrscher und läßt sich zugleich herab und ist einzelnen persönlich zugewandt, Armen, Suchenden, Einsamen? Wollen wir dies beides zusammendenken und uns an beiden Komponenten unseres

Gottesglaubens freuen? Der Dichter von Jesaja 52 hat in diese Richtung gedacht und die besondere Botschaft ausgesprochen; Vers 7: »Ich sehe den herannahenden Friedensboten auf den Bergen vor der Stadt, er verkündet Frieden, er bringt gute Botschaft, er spricht Heil zu, er spricht zu Zion: Dein König ward König.« Ja, Jesaja tröstet die Menschen mit der persönlichen Zuspitzung: Dein Gott ward König.
Schlagen Sie jetzt bitte das Lied 13 auf. Während die Orgel zwei Strophen (mit der Melodie aus dem Jahre 1938) intoniert, lesen Sie bitte den Text: »Tröstet, tröstet, spricht der Herr.« Einige Botensprüche aus dem Trostbuch Jesajas klingen hier an. Bleiben wir bei der zweiten und der sechsten Strophe. Wie tief empfunden wird hier Gottes Heil verkündet: »Die Qual ist um, der Knecht ist frei, all Missetat vergeben sei ... Es kommt der Herr, euer Gott ist da und herrscht gewaltig fern und nah.«

Zum weiteren Verlauf
Wer kann, drucke auch 362 und 578 (siehe Kontexte) mit ab. Da wird das Motiv wieder und wieder aufgegriffen. Sollte das eine Frucht dialektischer Theologie und des Kirchenkampfes sein – bei Arno Pötzsch oder Waldemar Rode?
Wer im November '88 mit seiner Gemeinde um das Leid der gequälten Juden und das Verstummen der Kirche 1938 geklagt und geschwiegen hat, der gehe hier getrost einen Schritt weiter als ich. Ich kann in der Gemeinde, in der ich den Predigtauftrag wahrnehme, den Kirchenkampf nicht beschwören.
Mir macht es Mut zu sehen, wie hier biblisches Lied und Kirchenlied in die gleiche Richtung zielen und zu trösten versuchen mit der Zusage der persönlichen Zuwendung unseres Gottes.
Manch einer wird sich schon längst gefragt haben, wo kommen wir denn vor in diesen Hymnen? Oder gibt es da kein Zögern, Zweifeln, Fragen? Ist Gottes Herrschaft über Welt und Kirche so klar, obwohl wir sie nicht sehen, viel weniger beweisen können?
Während die Orgel das Ihnen sicher noch unbekannte Lied von Martin Gotthard Schneider intoniert, lesen Sie sich bitte in den Text ein: »Herr, wir warten auf dein Kommen. Manchmal tasten wir uns bang durch die Tage unseres Lebens ... Oft schon sind wir ganz verzagt, zweifeln, ob sich wird erfüllen, was du uns hast zugesagt. ... Wann bricht deiner Zukunft Schein – Zukunft – die Welt verändert – in die Dunkelheit hinein?«

Was empfinden Sie, wenn Sie dies lesen und bedenken? Fühlen Sie sich mit diesem Zögern ernstgenommen, in diesem Versuch einer behutsamen Antwort auf die Ansage seines Kommens? Ich kann die vielen – offenen oder versteckten – Befehle kaum noch hören. »Bereitet doch fein

tüchtig den Weg dem großen Gast, laßt alles, was er haßt.« Je mehr ich mich auf die Suche nach dem Frieden eingelassen habe, je tiefer ich in die Zusammenhänge konkreter Ungerechtigkeiten eingedrungen bin, je genauer ich die gute Botschaft durchbuchstabiert habe, um so mehr habe ich entdeckt, wie wenig an mir liegt, wie selten ich wirklich etwas verändern kann (an mir wie an dem Beziehungszusammenhang meines Lebens). Je vielschichtiger die Erfahrungen mit dem Frieden werden, um so mehr fühle ich mich von diesen Worten ernstgenommen, die Gottes Kommen bezeugen und mir Zeit lassen zu lernen, die Verheißungen Gottes zu erproben, mein Denken und mein Fühlen auf Gottes Zukunft einzustellen. Darum kann ich jetzt gut mitbeten: »Gib, daß jeder, wo er ist, spüren mag schon hier und heute, daß du, Herr, im Kommen bist.«
So kann auch ich in ein neues Lied einstimmen, welches im Gotteslob überliefert ist: »Kündet allen in der Not, bald wird kommen unser Gott«: Vielleicht können Sie an dem nahen Weihnachtsfest einem Menschen solch ein Freudenbote werden. Amen.

Herr, wir warten auf dein Kommen

2. Herr, wir warten auf dein Kommen.
Oft schon sind wir ganz verzagt,
zweifeln, ob sich wird erfüllen,
was du uns hast zugesagt.

3. Herr, wir warten auf dein Kommen.
Mancher glaubt' schon längst nicht mehr,
daß noch die Befreiung käme,
daß ein guter Ausgang wär.

4. Herr, wir warten auf dein Kommen.
Wann bricht deiner Zukunft Schein –
Zukunft – die die Welt verändert –
in die Dunkelheit hinein?

5. Herr, wir warten auf dein Kommen.
Gib, daß jeder, wo er ist,
spüren mag schon hier und heute,
daß du, Herr, im Kommen bist.

Worte und Weise: Martin Gotthard Schneider
aus: Kurt Rommel/Martin Schmeisser "Uns wird erzählt von Jesus Christ"
Verlag Ernst Kaufmann, Lahr und Christophorus-Verlag,
Freiburg i. Br.

Worte: Friedrich Hoffmann / Worte: Gerbert Mutter
aus: Gerd Watkinson "Christujenna" Verlag Ernst Kaufmann, Lahr und Christophorus-Verlag, Freiburg i. Br.

2. Das Wort hat Gott gesprochen
hinein in diese Zeit.
Es ist hereingebrochen
im Wort die Ewigkeit.

3. Du Wort ob allen Worten,
du Wort aus Gottes Mund,
lauf und an allen Orten
mach Gottes Namen kund.

4. Künd auf der ganzen Erde,
daß Gott ihr Herre sei,
damit sie Gottes werde
und andrer Herren frei.

5. Lauf, Wort, mit allen Winden
durch jedes Volk und Land,
daß sich die Völker finden,
so wie das Wort sie fand.

6. Lauf, Wort, durch alle Straßen,
in hoch und niedrig Haus,
und ruf in allen Gassen
ein hörend Volk heraus.

7. Triff Freunde und triff Feinde,
zwing, was dir widerstrebt,
und ruf uns zur Gemeinde,
die aus dem Worte lebt.

8. Erhalt das Wort in Gnaden,
gib, Gott, ihm freien Lauf.
Du Wort, von Gott beladen,
spreng Tür und Riegel auf.

Worte: Arno Pötzsch 1935 / Weise: Albert Moschinger 1941

Heiligabend

Predigttext: 1. Timotheus 3,14–16
Klaus Künkel

Theologisch-homiletische Skizze

Schwierigkeiten, auf dem Wege über diesen Text zu einer Weihnachtspredigt zu kommen, gibt es (für mich) genug:

– Die Stellung des Textes zwischen »Wie man sich verhalten soll ...« (Vers 15) und den »letzten Zeiten« (Vers 4,1ff.). Denn erstens finde ich die Kennzeichnungen der Gemeinde in Vers 15 sehr hoch gegriffen, da sie im Sinne eines enormen Anspruches über andere begriffen werden können statt als Verheißung. Und zweitens müßten ja wohl diejenigen bzw. dasjenige, was man heute als »verführerische Geister und teuflische Lehren« vermeint, benannt werden. Das heißt aber, die Gemeinde, die Kirche müßte sich abgrenzen, müßte andere angreifen, und die Möglichkeit, hier eine volle Breitseite auf alles, was man z.B. als New Age versteht oder nicht versteht incl. des (so bitter nötigen) Dialoges mit anderen Religionen, abzuschießen, bietet sich an – das heißt aber auch die Chance, sich selbst weiß zu waschen, indem wir andere schwarz malen. Ich finde das nicht gut.

– Und auch dies: Die Exegese (Band 4) bringt uns auf die Spur, das gute Gemeindeverhalten/Kirchenleben angesichts der Gefahren durch die »Welt« in Rückbindung und Rückbezug auf Vers 3.16, den eigentlichen Predigttext, zu finden. Der ist »die innere Substanz, der Identität stiftende Realgrund« der christlichen »Frömmigkeit«: ein Lied also, ein Bekenntnislied, ein formuliertes Bekenntnis. Das kann dazu führen, zu denken und zu predigen: Wenn wir uns ordentich auf das Bekenntnis, das formuliert ist, gründen, dann bestehen wir die verführerischen Geister und besiegen die teuflischen Lehren der anderen. Wir haben uns gar nicht mit ihnen auseinanderzusetzen, nicht nach ihrem Inhalt zu fragen, Dialog erübrigt sich. Und ihre Herausforderung und die Frage nach den eigenen Defiziten ist nicht aufzunehmen, sondern: das Bekenntnis. Ich kann diesen Weg nicht gehen.

– Eine dritte Schwierigkeit: Wir erklären in der Predigt, was im damaligen Weltbild die einzelnen Stropheninhalte meinten. Wir »erklären« und verdeutlichen also diesen Text. Was ziemlich schwierig ist, abgesehen davon, daß nur die erste Zeile Weihnachtliches anklingen läßt.

– Doch meine eigentliche Frage ist diese: Kann man über ein Lied predigen? Natürlich kann man. Aber die eigentliche Intention eines Liedes ist, daß es gesungen und auf diese Weise mitvollzogen wird, nicht, daß es exegetisch erklärt wird. Des Liedes, auch des Bekenntnisliedes Sinnerschließung erfolgt über den Liedvollzug, den gemeinsamen.

Durch Singen der reformatorischen Lieder hat sich die Reformation mehr verbreitet im Volk als durchs Theologietreiben der Theologen – haben wir gelernt. – Franziskus hat seinen »Sonnengesang« wie ein Troubadour gesungen. Das – und nicht die

kluge Auslegung des Sonnengesanges, wie ich sie gerade vorzüglich in einer Examensarbeit las, ist der Sinn seines Liedes. Leider gingen die Melodien seiner Lieder verloren.
Die Melodie unseres Liedes auch.
Ich fände es wunderbar, wenn die Liedermacher (in) der Kirche, die es ja heute nicht nur in Taizé gibt, unseren Text singbar machen würden und wir ihn dann mit der Gemeinde am Heiligenabend üben und vollziehen könnten. Zumal am Heiligenabend sowieso die Gestimmtheit der Gemeinde mehr in Richtung Singen als Predigthören geht.
Was tun? Eine Predigt wird erwartet.

Abgesehen von den verschiedenen Möglichkeiten, ein Schema, Stufen oder Kontrapunkte oder dgl. in den sechs Zeilen unseres Textes zu finden, beinhalten die Sätze ein »im Himmel wie auf Erden«. Der Christus geht beide an und verbindet beide miteinander bzw. hat teil an beiden, an der Menschenwelt auf Erden und an der himmlischen Gotteswelt. Und: indem wir uns mit ihm verbinden, zu ihm bekennen, ihn annehmen, ihm glauben, gibt er uns Anteil an sich, an seinem Erdenleben, an seinem »Himmelsleben«. Dabei kann man an den »fröhlichen Wechsel« im Sinne Luthers denken, der ja in unseren Weihnachtsliedern seinen Ausdruck findet. Das Grundgesetz des Christus ist die Koinonia, die Gemeinsamkeit, Einheit von Gott und Mensch, Himmel und Erde, seine Gemeinsamkeit mit uns, Anteilhabe an uns, damit wir Anteil an ihm und dem Seinigen, Gemeinschaft mit ihm und mit Gott und mit dem Heiligen Geist und mit den Engeln haben.
Das läßt sich sagen und andeuten mit den und aufgrund der sechs Versstrophen:
Er ist offenbart im Fleisch, geboren im Stall von Bethlehem, damit er einer von uns werde, wie wir, und wir Zugang zu ihm, zu Gott, zum »Mysterium« haben. Er ist gerechtfertigt im Geist, so daß auch wir, die wir den Christus als Menschgeborenen annehmen, immer mehr teilhaben werden an der Wirklichkeit des Heiligen Geistes, an der geistigen Welt. Und den lebendigen Geist Gottes – das heißt die allzeit gegenwärtige und wirksame Schöpfungskraft Gottes in der Welt und in der Mitschöpfung entdecken, erleben, leben.
Über »Engel« spricht man bei Protestanten wenig. Warum nicht sagen: Es gibt Geistes-Mächte und -Potenzen zwischen Himmel und Erde, Gott und uns, sie sind Gott zu Diensten, sie sind christusgeprägt, nicht gegen, sondern mit ihm, und er durch sie, nicht gegen uns, sondern im Sinne Christi uns zu Diensten, um uns leben zu helfen?
Gepredigt den Heiden, geglaubt von der Welt: Wir sind es. Ob wir hören, ob wir glauben? Uns dem Mysterium öffnen?
Aufgenommen in die Herrlichkeit. Sie beginnt für uns schon jetzt im Rück- und Vorbezug auf Christus.
Wie im Himmel, so auf Erden – Christus eint Himmel und Erde, *eine* Welt Gottes.

Ich halte den Text als Predigtgrundlage für möglich in einem Spät- oder Nachtgottesdienst. Für die durchschnittliche Heiligabend-Gemeinde kann ich mir nur einen Erzähltext, keinen Theologietext denken.

Vorschläge zur Liturgie

Sie sollte durch Singen der bekannten Weihnachtslieder und Musizieren vollzogen werden in dem Sinne, daß die Gemeinde sie mitvollzieht, selber singt.

Die den Spätgottesdienst besuchenden Gemeindeglieder wollen/sollen nach den Familienfeiern zu Hause zur Ruhe kommen. Sie wollen etwas vom tieferen Sinn des Weihnachtsfestes erleben. Ihnen ist zuzumuten, daß sie durch den Gottesdienstvollzug und die Predigt zum Nachdenken, zur Besinnung, zur Einstimmung auf das innere Weihnachtsgeschehen gelangen, das ich besonders im Lied EKG 28: »Bleib ich anbetend stehen ...« ausgedrückt finde. »Anbetung« ist ein bei evangelischen Kirchenleuten wenig bekanntes Beten. Es grenzt an Meditation und Kontemplation. Wir sind dazu weniger über kluge theologische Gedanken und zu sozialen Taten engagierende Aufrufe zu bringen – die haben anderswo ihr nötiges Recht! – als durch Raumatmosphäre, Musik, Singen, Stille und Art und Weise und Inhalt der Predigt und den Prediger/Liturgen/Vor- und Mitbeter.

Votum

Freuen soll sich der Himmel
und jauchzen die Erde
vor dem Angesicht des Herrn:
denn jetzt ist er da. (Psalm 96,11 + 13)
(vgl. Offertorium zur ersten Messe in Schott's »Römisches Messbuch«)

Gebete

Oh Gott, du hast diese hochheilige Nacht
durch den Aufgang des wahren Lichtes taghell gemacht.
Laß uns, wir bitten dich,
auch im Himmel das Glück jenes Lichtes erfahren,
dessen Geheimnis du uns auf Erden offenbart hast,
deines Sohnes, der mit dir lebt ...

Halleluja, halleluja,
der Herr spricht zu mir: Mein Sohn bist du,
heute habe ich dich gezeugt.
Halleluja, halleluja.

»Gelobet seist du, Vater der Barmherzigkeit, daß du deine Verheißungen erfüllt und deine Liebe offenbart hast. Du willst die Welt nicht vergehen lassen in der Finsternis des Irrtums und dem Verderben der Sünde. Darum nimmt deine Liebe unsere Gestalt an, damit du, ewiger Gott, uns nicht mehr fern und fremd bist. Du wirst Mensch, damit wir göttlich werden. Wir preisen dich, Herr, und beten dich an. Amen«

»O Gott, verleihe uns, daß das Licht dieser Heiligen Nacht in unseren Seelen aufstrahle und sie mit Freuden erfülle. Präge das Bild deines Sohnes in unsere Herzen und Sinne. Kehre ein bei uns mit allen deinen Wundern. Wandle uns durch die Macht deiner Liebe. Ja, du wollest, o Gott, diese Welt neu schaffen durch deine Liebe. Amen.«
(Gebete für das Jahr der Kirche, hg. von K.B. Ritter, 1948: Zum 1. Weihnachtstag)

»Herr, unser Gott, in der Freude, immer wieder die Geburt unseres Herrn Jesus Christus geheimnisvoll zu erleben, bitten wir dich: Mache, daß wir durch würdigen Wandel die Gemeinschaft mit ihm erlangen, der mit dir lebt.«
(Postcommunio in Schott, 44)

Gott, das Geheimnis ist groß.
Dein Geheimnis, du, den wir nicht fassen.
Du, der du größer bist als unsere Vorstellungen,
erhabener, als unsere Worte und Begriffe es stottern,
näher, uns näher, als wir es denken können.
Gott, unendlicher, ewiger, Vater, Mutter,
ganz nah bist du uns gekommen,
wir danken dir,
in ihm, der heute geboren ist,
Jesus, unserem Bruder, deinem Sohn.
Ein Kind, wie wir einst Kinder waren,
ein Kind, wie unsere Kinder zu Hause.
Steckt auch in ihnen ein Teil deines göttlichen Geheimnisses?
Öffne uns Augen und Sinne,
gib, daß wir werden wie die Kinder,
um dich zu fassen, dich zu leben, zu erleben.
Um teilzuhaben an ihm, dem Christus,
der Himmel und Erde vereint,
der Gott und die Schöpfung vereint,
der Gott und die Menschen vereint.
Öffne unsere Herzen, öffne unsere Sinne,
damit wir die Einheit mit dir
und die Einheit mit der Natur und der Schöpfung
leben, erfahren, begreifen
und tun, was dem Frieden dient.

Ja, wandle unsere Herzen,
damit wir auch teilhaben an deinem Schöpfungswerk
»Frieden auf Erden«.
Amen.

Lied vor der Predigt
»Ich steh an deiner Krippen hier ...«

Vorschläge zur Predigt
»Ich steh an deiner Krippen hier«.
Viele stehen heute in der Weihnachtsnacht an seiner Krippe. Wir heute auch. Die verschiedensten Leute. Mit den verschiedensten Erwartungen. Welches sind unsere? Wir reihen uns ein. Wir sehen das Kind. Und seine Mutter, Maria, und seinen Vater, den irdischen Josef. Und die anderen, wir sehen die Hirten – und ihre Erwartungen sehen wir auch. Sie sind nicht enttäuscht, daß der von den Engeln Angesagte armselig ist, sie sind es auch. Daß er in einer Futterkrippe liegt in einem Stall. Da leben sie auch. Ihre Kinder kommen auch nicht in vornehmen Häusern zur Welt. Ihre Erwartungen an ihn? Du bist einer von uns. Und doch der Messias? Du bist uns nahe. Wir müssen keine Angst vor dir haben. Im Gegenteil, wir wollen für dich sorgen. Und sie bringen ihre Geschenke mit. Frieden auf Erden. Frieden auf Erden? Das hören ihre Ohren, und das hören sie in ihren Herzen, wie die Engel es vorhin gesungen haben. Frieden auf Erden. Vielleicht beginnt das in ihren Herzen. Ob es anhält?
Und die Weisen aus dem Osten sind da. Astronomen, Astrologen. Der neue Stern führte sie. Sie haben Ahnung vom Universum und der Einbindung unserer Erde und unserer Schicksale in das Ganze des Universums. Was sie erwarten? Den Beginn eines neuen Zeitalters erwarten sie, einer guten Zeit. Der Stern zeigte es an. Durch dieses Kind. Ob sie enttäuscht waren, als sie es sahen? Sie waren es nicht. Es war eine Sternstunde.
Ganz anders Herodes. Wenn wir uns den auch vorstellen wollen in der Reihe derer, die zur Krippe kamen. Er kam in seinen Söldnern, seinen Soldaten, sie standen unter seiner Befehlsgewalt, er hatte sie erzogen zu Mord und Totschlag.
»Ich steh an deiner Krippen hier.« Viele stehen an seiner Krippe heute in der Weihnachtsnacht. Und sehen das Kind. Ich auch? Du auch? Wir auch? Was gibt es zu sehen? Was gibt es zu hoffen?
»Ich steh an deiner Krippen hier ...«
Man kann mit äußeren Augen sehen. Dann sehen wir ein Kind, seine Mutter, seinen Vater, vielleicht auch Ochs und Eselein. Ziemlich armselig. Lohnt sich deshalb der lange Weg, der ganze Aufwand durch die Jahrhunderte hindurch – alle Jahre wieder? Das kommt darauf an, wie wir hinsehen und was wir da sehen.

Der Liederdichter führt uns auf die Spur: »... bleib ich anbetend stehen«. Und dann sieht er. Und seine Reaktion: Es gibt so viel zu »sehen«, wahrzunehmen, zu er-leben, daß sein Alltagsverstand es gar nicht fassen kann. Es gibt, wenn er sich einläßt auf dieses Kind, auf das Geheimnis, Mysterium dieses Menschgewordenen, soviel zu sehen, wahrzunehmen, zu erleben, daß er nur rufen kann: »Ach, daß mein Sinn ein Abgrund wäre«, so tief, »und meine Seele ein weites Meer, daß ich dich möchte fassen«. In dem Kind: die Fülle Gottes. Je mehr er sich einläßt auf dieses Kind, um so mehr ahnt er, erlebt er, sieht er, faßt er: das Geheimnis Gottes. Erde, die friedlose, und der Himmel Gottes, in dem Kind werden sie eins für den, der wie der Liedermacher »bleib ich anbetend stehen« – sein Herz öffnet. Himmel auf Erden.

»Bleib ich anbetend stehen.« – Das ist, wie wenn wir mit dem Herzen gucken, mit den Augen der Seele. Nicht satt, sondern voll Erwartung. Nicht vollgestopft aufgrund der 10 000 Dinge, die wir haben und besitzen, sondern voller Sehnsucht. Voller Sehnsucht nach – Gott.

Und da findet er Antwort.

Er ist nicht der einzige. So wie ihm ist es vielen gegangen. Sie begriffen sozusagen Weihnachten von innen. Sie sahen das Kind, nur ein Kind, ein Baby wie alle anderen auch, und dennoch in ihm das Geheimnis, Gott.

Und die es sahen, mit inneren Augen und Sinnen sahen, sie waren voll Glückseligkeit, Glück und Seligkeit und Jubel. Und sie gaben Antwort ihrerseits, sagten es weiter, sangen es weiter. Ich denke, so sind unsere Weihnachtslieder entstanden.

Und an den Anfang dieser Reihe, als eines der ältesten dieser Lieder, gehört unser Predigttext.

Eigentlich müßten wir ihn singen, wie ein Lied von zwei Chören gesungen, die einander antworten:

Gott ist offenbart im Fleisch
Mensch geworden
Christ Geburt in Bethlehem

und gerechtfertigt im Geist
Auferstehung

erschienen den Engeln
das ist Freude im Himmel
himmlische Freude.

Und gepredigt den Heiden,
den Völkern, den Menschen,
uns.

Und geglaubt in der Welt,
in der Menschenwelt

und aufgenommen in die Herrlichkeit,
eins mit Gott.

Der ganze Christus – in dem kleinen Kind. Sein ganzer Schicksalsweg, konzentriert und im Keim enthalten in dem unscheinbaren Anfang einer Kindsgeburt und der schwierigen Verhältnisse im Stall von Bethlehem. Gottheit und Menschheit, Himmel und Erde vereint in der Freude an dem Christus, an dem Jesus, der zu einem bestimmten Zeitpunkt nichts als ein Wickelkind war, hilflos in seinem Wiegenersatz, der Futterkrippe, lag.
Himmel und Erde vereint auch für uns, wenn wir einstimmen, mitsingen, unsere Herzen öffnen, anbeten.
Man sieht mit anderen Augen in die Welt, wenn man dieses Kind in seinem »Geheimnis« sah ...

In diesem Sinn kann ich mir dann die Gemeinschaft der Glaubenden als »Pfeiler und Grundfeste der Wahrheit« denken. Doch auf dieser Grundfeste werden weder Häuser aus Stein noch Kircheninstitutionen für die Jahrhunderte oder gar für die Ewigkeit gebaut. Es geht um die Herzen.

Ich stelle mir vor, daß die Predigt einmündet in »Stille« – Anbetung. Wo angebracht, kann vielleicht der Anfang des Liedes »Stille Nacht ... einsam wacht ...« die Motivation, der Impuls dazu sein. Oder noch einmal, nach einer kleinen Pause: »Ich steh an deiner Krippe ...«, erste Strophe ... ff:

»Liebe Gemeinde: Wir, jetzt, stehen an seiner Krippe,
wir, jetzt, geben ihm Herz und Sinn.
Wir, jetzt, bleiben anbetend stehen –
beten, schweigen, warten, anbeten ... –
Amen.«

1. Weihnachtstag

Predigttext: Galater 4,4–7
Hans Werner Dannowski

Theologisch-homiletische Skizze

Zwei systematisch-theologische Probleme beschäftigen mich im Hinblck auf den Text, die als solche durch die homiletische Aufgabe sichtbar werden. »Als aber die Zeit erfüllt war«: dieses Pleroma der Zeit ist theologisch natürlich von Gottes Ratschluß her zu deuten. Gottes Kairos ist das, nicht der des Menschen. Also keine Zeitdiagnose, aus der sich dann die Notwendigkeit der Menschwerdung des Christus nahezu zwangsläufig ergäbe. Keine Wendezeit, kein Paradigmenwechsel, der aus dem Auslaufen der alten Lebensentwürfe mit innerer Notwendigkeit erwüchse. Aber die Predigt rekurriert ja nun nicht auf ein historisches Damals, sondern will die Botschaft von der Menschwerdung des Sohnes hineinstellen in die Lebenserfahrungen des heutigen Menschen. Und so ergibt sich dann doch ein doppeltes Reden von der Zeit: von unserer Zeiterfahrung, die gerade auch das Auslaufende und die Schwere der Zeit kennt. Und von der Erfüllung der Zeit, die in unser Leben hineinbricht und die Gott durch die Sendung des Sohnes zu ›seiner‹ Zeit, zu der Unmittelbarkeit kindlicher Erfahrung macht.

Eine ähnliche Doppelung ergibt sich von dem Gesetzesbegriff her. »Als aber die Zeit erfüllt war, sandte Gott seinen Sohn, geboren von einer Frau und unter das Gesetz getan, damit er die, die unter dem Gesetz waren, erlöste, damit wir die Kindschaft empfingen.« Es ist völlig klar, daß hier das paulinische Gesetzesverständnis vorausgesetzt wird: das Gesetz des Mose, von Gott als Zeichen des Bundes gegeben, das vom Volk Gottes nun nicht als Folge, sondern als Mittel der Erlösung vernommen und damit zu einem Gesetz wird, das den Menschen richtet und in seiner Sünde erst recht festhält. Auch hier ist die homiletische Situation ins Feld zu führen: daß es ja in der Predigt nicht um eine historisch-theologische Einführung in die damalige Situation gehen kann. Sondern daß ich die Erfahrungen aufgreifen muß, die gesetzesanalog sind. Erfahrungen also, die das Leben zu versprechen scheinen und sich über kurz oder lang doch als Sackgasse oder zumindest als Vorläufiges erweisen.

Die Predigt kann die Unmittelbarkeit des Pneuma, die Direktheit des kindlichen Umgangs mit dem Vater nicht herstellen. Aber sie lebt im Umkreis dieser Erfahrung und sollte sie nicht durch Umleitungen und Herleitungen belasten oder gar von vornherein für unmöglich halten.

Vorschläge zur Liturgie

Kollektengebet

Christus, du unser Herr und Bruder:
Halte uns fest in deiner Gnade,

wandle unser Wesen in deiner Liebe
und schenke deiner Christenheit,
fröhlich und dankbar Weihnachten zu feiern
und dein Licht in Wort, Lied und Tat
aller Welt zu bezeugen,
der du mit dem Vater
und dem Heiligen Geiste
lebst und regierst
von Ewigkeit zu Ewigkeit.

Fürbittengebet
Dank sei dir, Vater,
daß du uns nicht sitzen läßt im Finstern
und im Schatten des Todes,
sondern zu uns kommst
durch den, der an unsere Seite trat.

In Jesu Namen gedenken wir
– der Menschen, die am Ende sind, die keinen Ausweg sehen
– der Menschen, die sich quälen und die gequält werden
– der Menschen, die ihr Heil im Unheil suchen
– der Menschen, die ihre Verantwortung nicht mehr tragen können
– der Menschen, die zuviel hinnehmen müssen.

Wir bitten dich für ...
Laß den Geist des Vertrauens in uns stark werden,
wandle uns in das Bild Jesu Christi.
Gib uns Hoffnung auf das hin, was wir sein werden
und was wir schon hier von Zeit zu Zeit erfahren,
in Jesus Christus, unserem Bruder, unserem Herrn.
Amen.
(Beide Gebete, in Abwandlung, aus: Hans-Jürgen Quest, Gott läßt mit sich reden, Stauda-Verlag 1983, S. 42 und S. 126–129)

Vorschlag zur Predigt
Liebe Gemeinde! Ein Jahr vor ihrem Tode hat Marie Luise Kaschnitz, die große Dichterin, ein paar Gedanken zu dem bevorstehenden Weihnachtsfest aufgeschrieben. Sie macht erst einen Rückblick auf die vielen Weihnachten ihres Lebens, und dann sagt sie: »Bald ist es wieder soweit, die Fernsehglocken läuten, so viele Weihnachtsabende, und warum eigentlich immer diese Angst, da es doch oft schön war, und es könnten,

wären wir nur leicht, die Sprossen der Himmelsleiter auch halten, und wir könnten, wenn wir nur leicht wären, auch fröhlich sein ...«

Warum eigentlich immer diese Angst, da es doch oft schön war. Und: wir könnten, wenn wir nur leicht wären, auch fröhlich sein ... Zwischen diese beiden Pole, zwischen diese beiden Extreme ist die Seele der meisten von uns, vermute ich einmal, in diesen Tagen weit ausgespannt. Da sind auf der einen Seite die spürbaren Zeichen des Apokalyptischen, Zeichen eines Untergangs, die Angst machen. Auch wer persönlich gerade durch eine gute und glückliche Periode seines Lebens geht: wenn ... Ich denke manchmal: wenn wir das mit der Unmittelbarkeit des gleichzeitigen Erlebens spüren könnten, was auf dieser Welt geschieht: den Hunger, den Haß, die Erniedrigungen, das Leiden, die Zerstörung von Schöpfung und Natur und Lebenswelt ... Und zu Weihnachten klopft das alles ein wenig deutlicher an unsere Tür als sonst ... Warum eigentlich immer diese Angst, da es doch oft schön war ...

Und da ist auf der anderen Seite die Überwältigung durch das Heil, das Glück. Wie schön diese Welt und dieses Leben ist, denke ich oft. Ein irrsinniges Glücksgefühl erfaßt mich manchmal, wenn ich am Fenster stehe und hinausschaue, wenn ich einen Menschen auf der Straße treffe, den ich schon lange einmal hatte treffen wollen. Eine Implosion der Freude ist es, so daß es richtig knallt, bis die Freude fest im Bauch sitzt. Eine absolute Gewißheit packt mich manchmal, es könnten, wären wir nur leicht, die Sprossen der Himmelsleiter wirklich halten. Wir wären unauflöslich verbunden mit unserem Woher und Wohin, hätten einen Draht nach oben und zur Seite, könnten mit Gott und mit den Menschen ohne Schwierigkeiten reden, wären dort aufgehoben und zu Hause, woher der kam, der zur Weihnacht Mensch geworden ist. »Ich freue mich so auf Weihnachten«, sagte der Taxifahrer neulich zu der Bekannten, die er zur Kirche fuhr. »Dieses ganze Geheimnis darum herum, das mag ich so.« Es ist das Geheimnis des Menschen, denke ich, das Geheimnis seiner Erlösung und seines Heils.

Ja, und da sitzen wir nun in dieser Kirche beieinander, ausgebreitet in dieser Spannung zwischen Angst und Freude. Wenn wir nur leicht wären, sagt die Dichterin. Die »unerträgliche Leichtigkeit des Seins«? Wenn wir nur leicht wären wie die Brautpaare und die fliegenden Pferde auf den Bildern Marc Chagalls, die auch den Schrecken und den Terror kennen. Leicht werden, wie geht das eigentlich zu?

Leicht wird mir ums Herz, wenn mich einer ernst nimmt. Leicht wird mir's, wenn mich einer wahrnimmt, wenn er mir zuhört, wenn er mich meine Angst und meine Not aussprechen läßt, wenn er mein Glück und meine Freude teilt. Leicht fühle ich mich, wenn ich von der Fremde nach Hause komme, wenn ich Kind sein kann im Hause der Mutter und des Vaters.

Eine paradoxe Wahrheit ist es, daß der leicht wird, der sich ernst- und schwergenommen sieht. Leicht ist nicht der, der sich selbst ernst- und schwermacht – der fällt den anderen bald auf die Nerven, auf die Seele. Nein, leicht wird der, der aus einer Kraft des Seins lebt, die ihn nicht untergehen und nicht übermütig werden läßt. Am Ende: leicht werde ich dadurch, daß mich einer, eine – daß mich vielleicht sogar Gott selbst – liebt.

Das wäre eine denkbare Einleitung, eine mögliche Hinführung in dieser Predigt. Und da wäre dann der Ort, die Weihnachtsbotschaft als Gottes Liebesgeschichte mit der Welt, mit uns Menschen zu erzählen und zu interpretieren. »Als aber die Zeit erfüllt war, sandte Gott seinen Sohn ...« Religion, Glaube, das ist sonst überall so, daß sich einer vor Gott bedeutend, daß er sich an Frömmigkeit, an guten Werken ernst- und schwermacht. Fromm ist sonst einer, der das Gesetz erfüllt. Wie gar anders geht es hier zu, muß man da mit Martin Luther sagen. Der, der es sich schwer macht, ist Gott selbst. Damit er es uns leicht macht, daß wir Kinder in seinem Haus sein können, daß wir den direkten Zugang zu ihm gewinnen. Reines Evangelium ist das, und als solches ist das auch zu predigen. Ob man dann auch etwas von der Verpflichtung des Erben hineinnimmt, das muß jeder Prediger für sich selbst entscheiden. Aber was wäre da nicht auch schon gewonnen, was gäbe es da für eine Erleichterung in der Welt, wenn es Menschen gäbe mit einem langen Atem, mit einem direkten Draht. Die sich nicht ihre Selbstbestätigung durch Triumphe über die anderen holen, sondern die für andere sorgen, weil für sie selbst gesorgt ist.

Der Schluß der Predigt könnte die zentrale Botschaft noch einmal verstärken. »Es könnten, wären wir nur leicht, die Sprossen der Himmelsleiter auch halten«, hatte die Dichterin im Blick auf Weihnachten gehofft. Ich weiß nicht, ob wir bei allem Glauben immer die Leichtigkeit haben werden, zu Gott hinaufzusteigen. Zu vieles ist es manchmal, was uns beschwert und Sorgen macht. Aber er ist zu uns herabgestiegen. Er hat den Sohn zu uns gesandt, als die Verdichtung, die Verkörperung seiner Liebe. »Du konntest nicht atmen ohne Liebe«, hat Marie Luise Kaschnitz in einem ihrer letzten Gedichte als die Wahrheit unseres Lebens formuliert. Nein, ohne diese Dimension braucht seit Weihnachten kein Mensch in dieser Welt zu leben. Gott sei Dank.

2. Weihnachtstag

Predigttext: 2. Korinther 8,9
Marianne Seitz

Theologisch-homiletische Vorbemerkungen

Das 8. Kapitel des 2. Korinther-Briefes trägt die Überschrift »Geldsammlung für die Gemeinde in Jerusalem«. Paulus berichtet hier von der Gebefreudigkeit der mazedonischen Gemeinde. Den Korinthern stellt er die Gnade vor Augen, die Gott den mazedonischen Christen geschenkt hat, so daß sie eine Liebesgabe für die Urgemeinde in Jerusalem gesammelt haben. Trotz tiefer Armut haben die Mazedonier sich freigebig gezeigt. Nun erwartet Paulus von der vermutlich reicheren Gemeinde in Korinth ein ähnlich gutes Spendenergebnis. Nicht befehlend wendet er sich an die Gemeinde, vielmehr soll die Gebefreudigkeit der Korinther der Prüfstein für die Echtheit ihrer christlichen Liebe sein.

In der Predigtperikope (Vers 9) verbindet Paulus Christologie mit den Dingen des täglichen Lebens. Wer vom Reichtum Christi lebt, teilt ihn mit denen, die in Not sind. Für die Predigt erscheint mir deshalb wichtig:

1. Es ist nötig, den Predigttext vor dem Hintergrund der damaligen (und heutigen!) Gemeindesituation zu betrachten: hier reiche, dort arme Gemeinde. Die Begriffe arm und reich dürfen und müssen auch wörtlich genommen werden.
2. Offensichtlich hat Paulus aber mit Vers 9 noch eine andere Dimension in den Spendenaufruf bringen wollen. Letztlich ist alles Schenken nur Abbild des einen Geschenkes: Jesus macht Menschen reich und damit menschlich. Weihnachten heißt dann: Seinen Reichtum, die empfangene vorbehaltslose Liebe zu uns, weiter zu schenken.
3. Möglicherweise werde ich hier, nach der Meinung mancher Leser, der Intention des Paulus nicht (oder nicht ganz) gerecht. Doch in der Schwierigkeit stehend, heute Weihnachten zu verkündigen, hilft mir der in Solidarität mit uns lebende Jesus. Der Aspekt der Selbsterniedrigung Jesu und unserer Erlösung mag manchem zu kurz kommen. Wohl geschieht aber »Er-Lösung« m.E. auch dadurch, daß Er sich mit uns gleichstellt, solidarisiert (= für uns einsteht!) und wir in der Bindung an Ihn die Bindung an uns selbst los werden. In diesem Sinn halte ich meine einseitige Textinterpretation für gerechtfertigt.

Am 2. Weihnachtsfeiertag werden wir es in erster Linie mit den Besuchern der »Kerngemeinde« zu tun haben. Mit den ganz besonders »Treuen«. Es sind die wahrscheinlich ohnehin gebefreudigen und engagierten Gemeindeglieder. Im Blick auf sie soll Arbeit und Engagement für andere auch anerkannt werden.

Als Altarlesung wurden Verse aus Jesaja 58 gewählt zur Verdeutlichung des Gedankens: Teilen macht reich. Ein Gedanke, der sich auch in der Geschichte des Schlußteiles der Predigt wiederfindet.

Vorschläge zur Predigt
Eingangsvotum
Lukas 1,52 + 53

Schriftlesung
Jesaja 58,7–11

Kollektengebet
Du willst uns reich machen, Gott. Darum bist du in Armut Mensch geworden. Fülle unsere leeren Hände und Herzen, daß wir dankbar und fröhlich als Menschen deinen Reichtum annehmen und weitergeben. Amen.
(aus Gerhard Hopfer, »... und gibst meiner Seele große Kraft«. Sonnenweg-Verlag, Konstanz)

Gebet nach der Predigt

In dieser Nacht / Gott / wurdest du einer von uns – / in Schmerzen / gebeugt / preisgegeben / an die Mächtigen, / Opfer eines Steuerdekrets / menschlicher Gleichgültigkeit / in dieser Nacht / Gott / wurdest du einer von uns, / aber / du bist nicht wie wir / verloren gegangen / in den Strudeln / von Macht / und Gleichgültigkeit / und Resignation, / du hast / dein menschliches Antlitz / bewahrt, / und deshalb / kann in unserer Welt, / auch wenn sie noch so / menschenfeindlich wird, / der Mensch / nicht sein Gesicht / verlieren, / weil du dich, / Gott, / für das menschliche Antlitz / des Menschen / selber / verbürgt hast.
(aus: Klaus Bannach, Gebete der Stille. Radius Verlag, Stuttgart)

Liedvorschläge
EKG 15,1–4+6; 21,3+4; 24,6; 27,1–3,9+10; 28,1+2.

Vorschläge zur Predigt
Möglicher Anfang
Eine Gemeinde bekommt einen Brief. Darin ist zu lesen: Ich lebe hier in einer armen Gemeinde. Doch bin ich erstaunt über die vorbildliche Hilfsbereitschaft, die ich trotz äußerer Armut erlebe. Die Gemeindeglieder spenden hier soviel sie können für eine in Not geratene fremde Gemeinde – und das freiwillig und ohne Aufforderung. Wie ich weiß, habt ihr vieles im Überfluß. Zeigt, daß es euch ernst ist mit eurer Liebe zu den Armen, und leistet euren Beitrag. Ich meine nicht, daß die andern gute Tage haben sollen und ihr Not leidet, sondern es soll ein gerechtes Teilen sein. Euch geht es ja im Augenblick wirklich besser als den andern.
Ein Spendenbrief, um das Jahr 54 vom Apostel Paulus an seine Gemeinde in Korinth geschrieben. Der Briefinhalt wird uns vertraut klingen. In den

zurückliegenden Wochen haben auch wir Spendenaufrufe gehört, Zahlkarten und Spendentüten erhalten. Viele von uns haben diese Aufrufe nicht überhört. Auch haben wir uns freundlich werben lassen und sind aktiv geworden. Gemeindeveranstaltungen, Bazare, phantasievolle Aktivitäten haben uns motiviert, zu arbeiten und zu spenden. Zeit und Kraft haben wir investiert, um andern eine Freude zu machen, um Gelder für Projekte in der 3. Welt bereit zu stellen. Es ist wichtig und sehr notwendig, daß dies geschieht. Es ist selbstverständlich, daß wir – die reichen Kirchen der BRD – unseren Schwestern und Brüdern in der Bedrängnis, den Kirchen der DDR und der 3. Welt, helfen. Vielleicht hätte Paulus den andern uns als Vorbilder hingestellt. Vielleicht hätte er uns aber auch freundlich zum Geben aufgefordert – je nachdem. Doch der Brief des Paulus will mehr sein als ein Spendenbittbrief. Was Paulus auch sagen will, und was die Mitte seines Briefes ist, hören wir als Predigttext des heutigen 2. Weihnachtsfeiertages ...

Zum weiteren Verlauf
Fragen ansprechen, die beim Hören des Predigttextes auftauchen: Sind wir wirklich arm? Es geht uns doch gut. Wir wurden wieder reich beschenkt zu Weihnachten. Wir sind doch zufrieden. Wir haben immer auch noch etwas für die anderen übrig.

1. Unsere Armut
Unsere Armut besteht nicht in einer materiellen Armut. Wir sind oft unfähig, uns in andere einzufühlen. Es fehlt uns der Blick, Zerstörerisches wahrzunehmen, und der Wille, im Rahmen unserer Möglichkeiten Veränderungen herbeizuführen.
Es geht uns nichts mehr unter die Haut. Grausame Bilder, sensationelle Informationen gehören zum täglichen Konsum. Wir nehmen es zur Kenntnis und gehen zur Tagesordnung über. Wir lassen uns nicht mehr berühren, wir schalten um ins nächste Programm zur Unterhaltung. Unfälle und Krankengeschichten dienen der Unterhaltung bei Einladungen. »Es ist schrecklich«, sagt einer, der beruflich mit Menschen zu tun hat, »aber ich habe in meinem Beruf das Weinen verlernt.«
Wir hören die Schreie der Gequälten nicht mehr. ... es geschah mitten in einer bewohnten Gegend ... Mißhandlungen von Menschen (und Tieren) werden kaum noch wahrgenommen. Nicht einmischen ist die Devise. Eine hohe Dunkelziffer bei Kindes- und Frauenmißhandlungen.
Wir sind blind für Ungerechtigkeiten und Ausbeutung. Der Kauf von Billigprodukten wird zur Selbstverständlichkeit. Wie dabei Ausbeutung (besonders auch von Frauen in der 3. Welt) geschieht, dringt selten ins Bewußtsein der Käufer. Ausbeutung geschieht auch »in der Nähe«: Aushilfs-

kräfte, kurzfristig eingestellte Ausländer arbeiten für wenig Lohn und unter schlechten Arbeitsbedingungen.
Wir zerstören gedankenlos unsere Umwelt. Komfort, Mobilität, Bequemlichkeit beinhalten Verlockung zum Konsum. Sind Menschen noch bereit, um der Erhaltung der Schöpfung willen sich Verzichte aufzuerlegen?
Wir sind trotz unseres Wohlstandes arm. Jesus begibt sich in diese Armut, um uns seinen Reichtum zu schenken.

2. Jesu Reichtum
Menschsein zeigt sich in den Begegnungen mit anderen: wenn wir empfindlich werden für ihr Leid, wenn wir ihre Schreie hören, wenn wir die Not um uns sehen. Jesus hat uns das beispielhaft vorgelebt. *Er hat sich auf die Seite derer gestellt, die keine Fürsprecher hatten:*

- eine Frau, die die Ehe gebrochen hat, bewahrt er vor der Todesstrafe
- Kinder haben in ihm einen Fürsprecher
- eine Frau ist ihm kompetente Gesprächspartnerin in theologischen Fragen (Joh 4)
- ein am Rand der Gesellschaft lebender Zöllner erhält wieder seine gesellschaftliche Anerkennung.

Das ist Jesu Reichtum. Ihm geht etwas unter die Haut, und er hat Gefühle, zu denen er sich bekennt. Er hat das Weinen nicht verlernt. Er ist traurig, wenn er sieht, wie Menschen unter Krankheit und Tod leiden. Als er in Nain einer Witwe begegnet, deren einziger Sohn gerade begraben wird, ergreift ihn tiefes Mitleid, und er hilft der Frau. Wut steigt in ihm auf, als er die Geschäftemacher im Tempel sieht ...

3. Das Wechselspiel: Er wird arm, um uns reich zu machen
Das klingt an in alten Weihnachtsliedern, z.B. EKG 21,4: » ... er wechselt mit uns wunderlich ...«
Weihnachten ist dieser wundersame Wechsel von unserer Armut in seinen Reichtum. Aber es ist nur der Beginn, der Anstoß zu diesem Wechselspiel. *In jedem Zeichen der Liebe, das wir setzen, leuchtet etwas von Weihnachten auf ...* Konkretisieren durch Aufnehmen von Beispielen aus Teil 1 (Unsere Armut), die positiv »umgeschrieben« werden, möglichst Bezug nehmen auf die eigene Gemeinde. Z.B. Krankheitsgeschichten dienen nicht mehr der Unterhaltung, sondern: Eine Frau organisiert einen Besuchsdienst, damit eine todkranke alleinstehende Frau rund um die Uhr menschliche Nähe erfahren darf ...
Reichtum verschenken macht reich. Die Erfahrung beschreiben: Wenn Menschen Zeit, Kraft und Besitz teilen, erleben sie, es bleibt immer noch genügend für sie selbst übrig. »Dein Reichtum wächst mit deiner Verschwendung« (D. Sölle).

Möglicher Schluß

Paulus hat seiner Gemeinde einen Brief geschrieben, um sie zum Teilen mit den in Not Geratenen aufzurufen. Doch ist es ihm wesentlich, auch zu sagen, was der Grund des Teilens mit den Armen ist: Vergeßt nicht, wie Jesus euch reich gemacht hat, mit einem Reichtum, der sich im Geben nicht verzehrt. Das will auch die folgende Geschichte sagen:

Ein armer Junge bekam von einem alten Spielmann, der merkte, daß er bald sterben würde, eine Laute geschenkt. Dazu einen Beutel mit Brot und Wein. Brot und Wein hatten die wundersame Eigenschaft, daß sie nie weniger wurden, soviel der Junge auch davon verteilte. Alle, die davon aßen, wurden satt und froh. Der Junge ging mit seiner Laute und seinem Beutel durch die Straßen der Stadt und sang ein Lied von einem kleinen Kind, das vor langer Zeit gelebt hatte. Die Leute fanden das Lied rührend – aber sie verstanden nur den Anfang des Liedes. Als der Junge größer wurde, wurde er verlacht und fortgejagt. »Wir brauchen keine Lieder«, sagten die Leute, »aber etwas zu essen und zu trinken«, denn es herrschte große Armut unter den Menschen. Der Junge mit der Laute stellte sein Brot und seine Weinflasche auf den Rand des Brunnens, der mitten in der Stadt war. Die Leute kamen und brachen sich Brot ab und tranken vom Wein. Zuerst kam eine alte Frau, dann ein Kind, ein Mann und noch einer, immer mehr kamen. Aber das Brot wurde nicht weniger. Auch vom Wein tranken sie alle. Sie wurden froh; es wurde warm in ihren Herzen. Und jetzt konnten sie zuhören. Sie hörten das Lied vom Kind. Sie hörten zum erstenmal sehr genau zu. Sie lernten das Lied, sie sangen es mit: das Lied vom Kind, dessen Liebe nie ausgeht wie das wunderbare Brot und der wunderbare Wein.

(gekürzt nacherzählt aus: Regine Schindler, Kind und König. Ungewöhnliche Weihnachtsgeschichten, Friedrich Reinhard Verlag, Basel 1987)

Kontexte

»Wenn wir sagen: Es ist Weihnacht, dann sagen wir: Gott hat sein letztes, sein tiefstes, sein schönstes Wort im fleischgewordenen Wort in die Welt hineingesagt, ein Wort, das nicht mehr rückgängig gemacht werden kann, weil es Gottes endgültige Tat, weil es Gott selbst in der Welt ist. Und dieses Wort heißt: Ich liebe dich, du Welt und du Mensch.«

(Aus: Es begibt sich aber zu der Zeit, Texte zur Weihnachtsgeschichte. Karl Rahner, Gott ist gekommen. Hrsg. Walter Jens, Radius Verlag 1988)

»Als ich am Heiligen Abend zu der Baracke ging, in der die Feier, die wir mit den katholischen Brüdern zusammen hielten, stattfinden sollte, lehnte ein junger Schwabe an einer Mauer, und ich hörte ihn im Vorbeigehen zu dem, der neben ihm stand, in einem Ausbruch des Stöhnens sagen: ›Es ist ja alles so sinnlos, so sinnlos!‹ Das war es, genau das: Nicht nur unser Schicksal hier, alles, alles in der Welt war

sinnlos, und alles in der Welt, auch unser Schicksal hier, wurde sinnvoll, voll von unverlierbarem Sinn durch Weihnachten, durch die ›rettende Stunde‹, in der ewiges Leben sich mit unserer Armut verband. Warum ging ich vorbei und ließ ihn dort in seiner Verzweiflung an der Wand lehnen, statt ihn mit zu unserer Feier zu nehmen, zu der zu gehen er selbst offenbar nicht den Entschluß fassen konnte? Er versprach sich wohl auch von dieser Botschaft nichts mehr, und gerade ihn hätte sie vielleicht erreicht; denn gerade ihm galt sie doch. Oft habe ich zugegriffen und das Wort sagen können, diesmal aber ging ich, selber matt und unkräftig, vorüber wie der Priester und der Levit auf der Straße nach Jericho – und wenn ich heute daran denke, weiß ich, daß hier unsere schlimmste und häufigste Schuld liegt: im Genießen des Evangeliums, statt es weiterzugeben, im Vorübergehen, wo ein Verzweifelter sich vom Evangelium nichts mehr erwartet, weil er es noch nicht kennt.«
(Helmut Gollwitzer, Weihnachten, aus: »Es begibt sich aber zu der Zeit«, siehe oben)

»Da liege ich still, allein, gewickelt in diese vielfachen schwarzen Tücher der Finsternis, Langeweile, Unfreiheit, des Winters – und dabei klopft mein Herz von einer unbegreiflichen, unbekannten inneren Freude, wie wenn ich im strahlenden Sonnenschein über eine blühende Wiese gehen würde. Und ich lächle im Dunkeln dem Leben, wie wenn ich irgendein zauberhaftes Geheimnis wüßte, das alles Böse und Traurige Lügen straft und in lauter Helligkeit und Glück wandelt. Und dabei suche ich selbst nach einem Grund zu dieser Freude, finde nichts und muß wieder lächeln – über mich selbst. Ich glaube, das Geheimnis ist nichts anderes als das Leben selbst; die tiefe nächtliche Finsternis ist so schön und weich wie Sammet, wenn man nur richtig schaut; und in dem Knirschen des feuchten Sandes unter den langsamen schweren Schritten der Schildwache singt auch ein kleines schönes Lied vom Leben – wenn man nur richtig zu hören weiß. ... Sonjuscha, Liebste, seien Sie trotz alledem ruhig und heiter. So ist das Leben, und so muß man es nehmen, tapfer, unverzagt und lächelnd – trotz alledem. Fröhliche Weihnachten! Rosa
(Rosa Luxemburg, An Sophie Liebknecht, aus: ... genau vor einem Jahr, Briefe aus dem Gefängnis. Dietz Verlag, DDR Berlin)

»Nichts ist sinnlos. Wenn du dich auf die Bewegung der Liebe einläßt, wird deine Kraft gestärkt. Dein Reichtum wächst, je mehr du teilst. Wo immer du dich auf die Bewegung der Liebe einläßt, da ist die Liebe bei dir. Es gibt einen Himmel hier mitten unter uns.«
(aus: Dorothee Sölle, Sympathie, Kreuz Verlag)

»*Mitten unter uns* spielt sich heute sein Leben ab. *In* uns, wenn überhaupt irgendwo, wird er geboren. *Bei* uns, wo denn sonst, ist er am Werk. Ohne Lärm. Im Reichtum armer Menschlichkeit, um arme Menschen reich zu machen.«
(Manfred Mezger, Freude am Wort. Predigten, Gütersloher Verlagshaus 1975)

Wird Christus tausendmal zu Bethlehem geboren / Und nicht in dir; du bleibst noch ewiglich verloren. Angelus Silesius

Um Himmelswillen / gebt die Erde nicht auf – / der Himmel begann / seinen irdischen Lauf. / Um Gotteswillen / habt auf das Menschliche acht – / Gott ist der Mensch / der uns menschlicher macht.
(Siegfried Macht: Um Himmelswillen, aus: Erzählbuch zur Weihnachtszeit, Kaufmann/Christophorus Verlag)

Ziemlich heruntergenommen / scheint uns euer Himmel / sagten die Alten / und die Jünger bestätigten: / Bis auf die Erde.
(Siegfried Macht: Jesus, aus: siehe oben)

Was mir auch noch durch den Kopf ging:
im Zusammenhang mit der Predigt
- aus der Regel von Taizé: »Mit Gott teilen, mit dem Menschen teilen: in diesem Wechselspiel haben wir das ganze Evangelium. Alles Teilen mit Gott, alles kontemplative Leben ist durch unsere Relation zum Menschen bedingt. Wer nicht auf den Menschen zu hören weiß, der weiß auch nicht auf Gott zu hören ... Jeder Mensch ruft Christus in uns wach, auch der, der nicht ausdrücklich einen Glauben bekennt.«
- Menschsein beinhaltet auch, Versuchungen zu widerstehen, z.B. der Versuchung zur Macht. Weihnachten ist im Bild des Kindes Wehrlosigkeit und Ohn-Macht.
- Menschein heißt auch zerbrechlich und verletzlich, Kind sein dürfen.

Altjahrsabend

Hebräer 13,8–9b
Klaus Reblin

Theologisch-homiletische Skizze

Dies war mir eine wichtige Einsicht: Es geht in Hebr 13,8–9b nicht um eine »metaphysische« Seinsaussage über den ewig unveränderlichen Christus, sondern um die bleibende Identität des Christus*bekenntnisses*. Mit einem unveränderlichen Christus tue ich mich nämlich schwer – wie ich mich auch schwer tue mit einem ewig derselbe bleibenden Gott. Für mich ist Unveränderlichkeit ein Symptom, ja ein Synonym für Tod, Veränderung dagegen ein Anzeichen von Leben. Daß ich heute ein anderer sein darf als gestern und morgen, nicht festgelegt werde auf meine Heutigkeit, das macht meine Lebendigkeit aus. Und was ich von mir selbst sage, sagt die Bibel auch von Gott, z.B. Gen 8,21 oder Jer 18.7: Gott ändert sich. Er handelt heute anders als gestern, ja, er ist sogar in der Lage, umzukehren und »Buße« zu tun, d.h. das Gegenteil von dem, was er sich vorgenommen hatte (Jon 3,9f.).

Wenn es indessen um die bleibende Identität des Christuszeugnisses geht, so darf das sicher nicht im Sinne theologischer Orthodoxie gedeutet werden (auch wenn Hebr es so verstanden haben sollte). Auch Glaube und Theologie sind der Veränderung unterworfen. Mein Glaube hat im Laufe meines Lebens viele Jahresringe angesetzt, und Theologien habe ich schon mehrere gehabt. Freilich, im Wandel des Glaubens und der Theologie geht es immer wieder um Erfahrungen mit derselben Person: Jesus von Nazareth, der der Christus genannt wird. Und das ist es auch, was meine Jahre – Silvester! – zusammenhält: die Erfahrungen, die ich mit ihm machte und die ich mir auch für die Zukunft erhoffe.

Daß Christus erfahrbar bleibt, ist dann auch die entscheidende Hoffnung, die mich angesichts des Jahreswechsels erfüllt. Daß ich auch im neuen Jahr nicht nur mit den wachsenden Problemen und Nöten unserer Welt und mit dem eigenen Gesicht konfrontiert werde, sondern mit dem Antlitz dessen, der mir Stabilität gibt, der mein Herz »fest« macht, zuversichtlich, mutig.

Vorschläge zur Liturgie

Zu *Kyrie und Gloria* lese ich, damit sie einen Ort, einen Bezug haben, in der Regel kürzere weltliche Texte. So bietet sich vor dem Kyrie an:

»Ob wir davonkommen, ohne gefoltert zu werden, ob wir eines natürlichen Todes sterben, ob wir nie wieder hungern, die Abfalleimer nach Kartoffelschalen durchsuchen, ob wir getrieben werden in Rudeln, wir haben's gesehen. Ob wir nicht noch die Zellenklopfsprache lernen, den Nächsten belauern, vom Nächsten belauert werden, und bei dem Wort Freiheit weinen

müssen. Ob wir uns fortstehlen rechtzeitig auf ein weißes Bett oder zugrunde gehen am hundertfachen Atomblitz, ob wir es fertigbringen, mit einer Hoffnung zu sterben, steht noch dahin, steht alles noch dahin.«
(Marie Luise Kaschnitz, in: Steht noch dahin, st Nr. 57, S. 7)
Vor dem Gloria möchte ich Andreas Gryphius' Epigramm »Betrachtung der Zeit« lesen:
»Mein sind die Jahre nicht, die mir die Zeit genommen; / mein sind die Jahre nicht, die etwa möchten kommen; / der Augenblick ist mein, und nehm ich den in acht, / so ist der mein, der Jahr und Ewigkeit gemacht.«

Anstelle des *Kollektengebets* würde ich Psalm 9 oder 121 lesen, während sich für die *Fürbitte* Hub Oosterhuis empfiehlt:
»Laßt uns beten – und mehr als das – für diese Welt, die unsere Welt ist: für alle Menschen, mit denen wir verbunden sind, für unsere Kinder, Freunde, Lieben, für unsere Feinde.
Laßt uns beten für alle, die in dieser Welt Verantwortung tragen. Du siehst uns alle, Gott, du setzt deine Hoffnung auf uns, du weckst in uns die Kraft, gut zu sein.
Laßt uns beten für die Menschen, die in Mühe und Sorge leben, ungesehen und unbeachtet: für die Traurigen und Enttäuschten, für alle, für die das letzte Jahr mühsam gewesen ist.
Laßt uns auch beten für alle die, die vom neuen Jahr wenig zu erwarten haben: geknechtete und geschundene Menschen, Menschen, die in den Mühlen des Hasses und der Gewalt aufgerieben sind, für Kinder ohne Eltern, für Gefangene und Fremde, für Flüchtlinge ohne Land und Namen, Hungernde, Menschen, die in Konflikten mit anderen leben und keinen Ausweg wissen, für Kranke, die auf keine Heilung hoffen können.
Herr, wir hoffen auf ein gutes Jahr. Wir hoffen darauf, daß du uns begleitest. Weil wir auf dich bauen, darum sagen wir dir unsere Wünsche, Erwartungen, Befürchtungen. Wir sagen sie dir in der Stille ...
Herr, unser Gott, wir rufen zu dir an diesem letzten Tag im alten Jahr. Aus der Tiefe rufen wir zu dir. Wende uns deine Liebe zu, gib uns die Kraft und die Zuversicht und den Mut, in das neue Jahr getrost zu gehen.«

Als *Epistel* sieht mein Lektionar Röm 8,31–39 und als *Evangelium* Luk 12,35–40 vor. Als Alternative für den Lukastext wäre vielleicht auch Joh 6,66–69 möglich.

Schließlich die *Lieder*: Besonders lieb ist mir EKG 25 mit seiner abschließenden Neujahrsstrophe: »Jesus, nimm dich deiner Glieder ...«, Paul Gerhardts »Nun laßt uns gehn und treten« (EKG 42, bei dem man kaum eine Strophe auslassen kann!) und Jochen Klepper (EKG 45).

Vorschläge zur Predigt

a) Vorüberlegungen

Wenn ich recht sehe, wird der Textausschnitt Hebr 13,8–9b von drei Begriffen beherrscht: Ewigkeit – festes Herz – Gnade. Ich denke, daß diese Begriffe sich geradezu anbieten, auf den Jahreswechsel hin ausgelegt zu werden. Sie setzen notwendige Gegengewichte gegen das, was das Herz in jener Nacht schwer machen kann: gegen das unaufhaltsame Zerfließen unserer Lebenszeit, gegen unsere Zukunftsängste und gegen unsere Meinung, es liege nur an unserem »Wollen und Laufen« (Röm 9.16), wenn das Leben Dichte und bleibenden Wert gewinnen soll.

b) Möglicher Predigtanfang

Aller Anfang ist schwer, sagt man. Doch es gibt auch Ausnahmen, zum Beispiel diese Nacht, wo wir durchaus fröhlich sind. »Lasset die feurigen Bomben erschallen«, heißt es in einem alten Studentenlied. Ein fröhliches Zeichen also wollen wir setzen. Daneben hat diese Nacht aber noch eine andere Dimension. Ein ebenfalls altes Lied sagt: »Des Jahres letzte Stunde, sie naht mit ernstem Schlag«. Es ist, als hätte die Silvesternacht zwei Gesichter, wie der römische Gott Janus, der Gott der Türe, der Hüter der Schwelle, nach dem der erste Monat im Jahr, der Januar, seinen Namen hat. Und die Tür hat auch zwei Seiten, eine nach innen gekehrt und die andere nach außen, zur Straße, zu neuem Leben hin. Die beiden Seiten der Tür sind einander gleich, aber sie werden bestimmt durch die verschiedenen Richtungen, in die wir schauen – zurück in das Gewesene oder nach vorn in das Heraufkommende.
Was gibt der Silvesternacht ihren Ernst und ihre Fröhlichkeit?

c) Zum weiteren Verlauf

Ich denke mir den Hauptteil der Predigt dreigeteilt:
1. Silvester gewinnt seinen Ernst durch das unmittelbare Erleben, wie unsere Zeit verfliegt, zerrinnt zu einem Nichts. Zeit – nicht das, was wir haben, sondern was wir verlieren, ständig, Tag für Tag, und unabhängig davon, wie wir damit umgehen und sie gestalten. Von Christus gilt: »gestern und heute und in Ewigkeit«. Von uns gilt – dies ist jedenfalls unsere alltägliche Erfahrung – nur »gestern und heute«. Leben heißt Abschied nehmen, hergeben, weniger werden – in jeder Beziehung. Dann und wann mögen wir froh sein über einen Abschied. Aber es gibt auch jene Abschiede, die schmerzen, weil ein Stück unseres eigenen Ich mit dahingeht.
Gegen diese Erfahrungen setzt der Predigttext die Ewigkeit Christi. Er steht mitten im Fluß der Zeit. Er ist das, was unser Leben zusammenhält, weil er in Ewigkeit so bei uns sein wird, wie er gestern bei uns war und

heute bei uns ist. Er ist das Kontinuum unseres Lebens. Wir gehen nicht der großen Vernichtung von Zeit entgegen, sondern leben auf seine Ewigkeit hin, in der alle Zeit »aufgehoben« (in des Wortes doppelter Bedeutung) ist.

Darum hat die Silvester-Nacht nicht nur ein ernstes, sondern auch ein fröhliches Gesicht: Christus bleibt bei uns in Ewigkeit.

2. Silvester gewinnt seinen Ernst durch die Ungewißheit der Zukunft, durch die Angst davor, das neue Jahr könnte Herausforderungen an uns herantragen, denen wir nicht gewachsen sind. Angst davor, das Elend des vergangenen Jahres könnte sich unverändert fortsetzen. Woher rühren alle unsere Zukunftsängste? Daher wohl, daß wir Zeit und Christus ständig auseinanderrechnen. Vergangenheit ohne Christus aber ist eine Zeit ohne Vergebung – wie Zukunft ohne Christus eine Zeit der Beängstigung ist.

Wer indessen die Zukunft des neuen Jahres mit Christus zusammensieht, der kann ein »festes Herz« gewinnen, das nicht »zittert wie Espenlaub«, weil es weiß: »In sechs Nöten kann er mich erretten – und in der siebenten ist er auch noch da« (Hiob 5,19).

Darum hat die Silvesternacht nicht nur ein ernstes, sondern auch ein fröhliches Gesicht: Christus gibt uns ein festes Herz.

3. Silvester gewinnt seinen Ernst dadurch, daß uns bewußt wird, welche Verantwortung wir tragen. Im letzten Jahr lief manches schief. Im letzten Jahr haben wir auch Schuld auf uns geladen. Wir wurden unserer Verantwortung für uns selbst und für andere nicht immer gerecht. – Und wer hält die Dinge im neuen Jahr im Lot? Mir wird angst und bange, wenn ich bedenke, was ich alles muß.

Dagegen setzt Hebr 13 das Wort von der »Gnade« – im doppelten Sinne: Was ich verdorben habe im letzten Jahr, – Christus wird es zurecht bringen. Und was das neue Jahr betrifft: »Es liegt nicht an jemandes Wollen oder Laufen, sondern allein an Gottes Vollbringen.« Er macht's! Wir können alles in seine Hände legen, jedenfalls die entscheidenden Dinge. »Alle eure Sorge werft auf ihn, denn er sorgt für euch« (1. Petr 5,7).

Darum hat die Silvesternacht nicht nur ein ernstes, sondern auch ein fröhliches Gesicht: Leben ist nicht nur Leistung, sondern Geschenk, Empfängnis, Gnade.

d) Möglicher Schluß

Womit bekommt man zu tun, wenn man mit dem Evangelium zu tun bekommt? Auf diese Frage hat Helmut Gollwitzer einmal am Ende eines seiner Bücher geantwortet mit einer Thesenreihe. Am Ende eines Jahres weiß ich nichts Besseres, als diese Thesenreihe zu wiederholen. Sie ist die beste Antwort auf die Frage, warum Silvester ein Tag mit fröhlichem Gesicht ist:

1. Nichts ist gleichgültig. Ich bin nicht gleichgültig.
2. Alles, was wir tun, hat unendliche Perspektiven, – Folgen bis in die Ewigkeit; es hört nichts auf.
3. Es bleibt nichts vergessen. Es kommt alles noch einmal zur Sprache.
4. Wir kommen aus Licht und gehen in Licht.
5. Wir sind geliebter, als wir wissen.
6. Wir werden an unvernünftig hohen Maßstäben gemessen.
7. Wir sind auf einen Lauf nach vorne mitgenommen, der uns den Atem verschlägt; Sünde = nicht mitkommen; Bitte um Vergebung = deswegen nicht abgehängt werden.
8. Es geht nichts verloren.
9. Die Philosophen sprechen von der Suche nach Gott; aber das ist, wie wenn man von einer Suche der Maus nach der Katze spräche. Wir sind auf der Flucht – und es wird uns auf die Dauer nicht gelingen. Es wird uns zu unserem Glück nicht gelingen.
10. Wir sind nicht allein.
11. Wir sind nie allein.
12. Dieses Leben ist ungeheuer wichtig.
13. Die Welt ist herrlich – die Welt ist schrecklich.
14. Es kann mir nichts geschehen. – Ich bin in größter Gefahr.
15. Es lohnt sich, zu leben.

Fazit:

»Freundlicher Anblick erfreut das Herz, eine gute Botschaft labt das Gebein« (Spr 15,30).

(Helmut Gollwitzer, Krummes Holz und aufrechter Gang, S. 382)

Neujahr

Predigttext: Philipper 4,10–20
Jürgen Frank

Theologisch-homiletische Skizze

1. Das gab es in der Vorweihnachtszeit im Überfluß: *»Geschenk-Ideen«.* Jetzt allerdings, im Rückblick auf den Gabentisch, bin ich empfänglich für *»Dank-Ideen«.* Selbst wenn durch Dankesworte und Dankesbriefe die Dankesschuld längst abgetragen ist, bleibt ein Bedarf an Klärung. Auf dem Höhepunkt des wechselseitigen Gebens und Nehmens gehen Gedanken und Gefühle bisweilen durcheinander. Klärung, vielleicht Vertiefung – der »vielsagende Dank« (vgl. Band Exegesen z. St.) des Paulus an die Philipper: Was sagt er mir?

2. Über Geben, Nehmen und Danken läßt sich nach dem Fest gelassener nachdenken und unverfänglicher predigen. Für die Vorweihnachtszeit ist das Thema vermutlich verschlissen. Der Konsumrummel provoziert auf vielen Kanzeln eine ätzende Kulturkritik – verbunden mit Aufrufen zum Teilen, zur Genügsamkeit, zum Verzicht. Die Predigthörer kennen das Ritual. Vielleicht gelingt es, sie für eine andere Sichtweise der vertrauten Erfahrung zu gewinnen. Den Weg, den Paulus die Philipper führt, würde ich gerne nachzeichnen; die Elemente seiner Situation für meine Hörer neu arrangieren. Die Erfahrung des Schenkens und Beschenktwerdens – nach wenigen Tagen wohl noch gegenwärtig genug – greife ich positiv auf. Der »Dankbrief« des Paulus erschließt ein tieferes Verstehen.

3. Der Dankweg führt von den Geschenken zur Beziehung, die sich in den Geschenken ausdrückt. Oder anders: Von den Früchten dringt der Blick zur Wurzel vor. Der *»Geschenk-Dank«* wird zum *»Beziehungs-Dank«.* Und dieser Dank ist wechselseitig. Gebende und Nehmende sind einander verbunden in der Freude, daß sie sich haben. Der Dank für die Erfahrungen im Geben und Nehmen greift tiefer, greift nach dem Grund, auf dem die Beziehung zwischen Apostel und Gemeinde gegründet ist. »Ich bin aber hoch erfreut in dem Herren, daß ihr wieder eifrig geworden seid, für mich zu sorgen.« Der Herr als Grund der Beziehung ist als Adressat in den Dank miteinbezogen. Im Eifer der Sorgenden werden die Bewegungen des einen Leibes spürbar, der Geber und Empfänger zusammenschließt. In der spürbaren, früchtebringenden Lebendigkeit ergreift die Freude ihren tieferen Grund. Der *»Beziehungs-Dank«* weitet sich zum *»Lebens-Dank«.* Es ist das Leben des Leibes Christi, das Paulus nachzeichnet. Seine Lebendigkeit ermutigt zum Leben, »wie's mir auch geht«. Eine tröstliche Perspektive am Anfang eines neuen Jahres.

4. Der Gottesdienst am Neujahrsmorgen gehört denen in der Gemeinde, die ihr Leben aus der Beziehung zu diesem Leibe verstehen. Sie kommen auch heute, weil das Bedürfnis wohl ungesättigt bleibt, sich dieser Beziehung zu vergewissern.

Wegweisung und Ermutigung für die nächsten Schritte – man sucht immer wieder neu, was man schon so oft gefunden hat. An diesem Morgen mit seinen Ausblicken auf das vorausliegende Jahr ist man sensibel für die bisherigen tragfähigen Erfahrungen. Sie sollen wieder aufleben. Die Beschäftigung mit dem Text kann zur Einübung in jene Sichtweise des Glaubens werden, die im Beziehungsleben mit seinen Früchten die Bewegungen des Geistes entdeckt, die der Glaube als Bewegungen des Lebens Jesu kennt ... und sich daran freut.

5. Allerdings werden unsere Erfahrungen mit den von Paulus beschriebenen Erfahrungen nicht völlig zur Deckung kommen. Es bleibt da ein Überschuß, der unseren Horizont hoffnungsvoll weiten kann. Paulus zielt mit seinem Dank mit fast verletzender Ausschließlichkeit auf die Beziehung zwischen Gemeinde und Apostel. Die konkrete Gabe verflüchtigt sich nahezu. Diese Radikalität ist ein Reflex auf die Situation des Gefangenen angesichts des Todes. Hier zeigt sich in der Tat, was letztlich trägt – und dies ist dann auch als tiefster Grund der Freude zu benennen. Die gemeinsame Erfahrung, daß der Herr in ihrer Gemeinschaft lebendig ist, gilt es im Bewußtsein zu behalten. *Dies* ist der bleibende Grund, durch den Paulus »alles vermag«. Demgegenüber hat der Wechsel von fruchtlosen und fruchtvollen Zeiten zweitrangige Bedeutung. Sind es doch nur die wechselnden Bedingungen, die Früchte zulassen oder verhindern: »Ihr wart zwar immer darauf bedacht, aber die Zeit hat's nicht zugelassen.« Angesichts auch im kommenden Jahr nicht ausbleibender fruchthemmender Hindernisse sind wir doch nicht ohne Orientierung: »lieblicher Geruch« wird unseren Spürsinn immer wieder von den Früchten zu den Wurzeln leiten.

Vorschläge zur Liturgie

Sündenbekenntnis

Wir haben so viel, / zum Staunen viel. / Wir haben unser Auskommen / und oft mehr. / Wir können unser Leben / schön machen. / Menschen haben wir, / mit denen wir unser Leben teilen können. / Kräfte sind uns gegeben / zu sehen, was nötig ist, / zu tun, was hilft. / Tage und Stunden fallen uns zu, / an denen wir uns freuen – / über uns selbst, / über die Freude eines anderen, / über ein geglücktes Wagnis. / Wirklich, / wir haben so viel, Herr / es ist zum Staunen. – – – / So viel hast du uns geschenkt. / Oft nehmen wir es selbstverständlich hin, / sehen dich nicht dahinter / und schreiben vieles uns selbst zu. / Wir bitten dich, Vater, vergib. / Laß uns neu werden in dir / durch Christus, / dein großes Geschenk an uns.
(Agende I, Ergänzungen. Liturgische Kammer. Hg. Landeskirchenamt Kurhessen-Waldeck. Kassel 1979, 1.2, 18)

Eingangsgebet

Wir danken dir, weil wir leben morgen und heute, wie wir gestern und alle Tage gelebt haben aus deiner Gnade, Gott, von dieser Erde, Brot und Licht, von den Menschen um uns; wir danken dir, weil wir leben hier und jetzt, mühsam und voller Freude. Laß unser Leben in dir verwurzelt blei-

ben, damit wir guten Grund haben zum Loben und zum Danken. Wir bitten dich, daß keine Zukunft und kein Tod uns trenne von Jesus Christus, der deine Liebe ist für alle Menschen.
(Nach H. Oosterhuis, Ganz nah ist dein Wort [1967] S. 44)

Gebet nach der Predigt
Gott, laß uns einen neuen Anfang machen. / Du redest zu uns, / zeigst uns andere Wege, / öffnest uns die Augen / für die Möglichkeiten deiner Welt. / Laß uns vorsichtige Schritte tun, / hilf uns Kräfte finden in dir. / Du behütest uns. / Laß uns in die Hut nehmen, / die uns anvertraut sind. / Wecke in uns das Gefühl des Glücks, / daß wir wurzeln in dir. / Die Frucht, die an uns wächst, / laß uns bereitwillig teilen mit denen, / die brauchen, was du uns gibst. / Wir danken dir.

Lieder
Such, wer da will (EKG 249); Jesu, nun sei gepreiset (EKG 39); Der du die Zeit in Händen hast (EKG 45)

Vorschläge zur Predigt
Möglicher Predigtanfang
Wenn einer aus der Rolle fällt, geraten auch die andern bisweilen durcheinander. Das kann ganz nützlich sein. Denn aus der Störung des Gewohnten entsteht manchmal etwas Neues. Gewohnt sind wir, uns für Geschenke zu bedanken – und uns in jedem Fall zu freuen. Auch das ist noch erlaubt, darüber nachzudenken, warum ein Geschenk uns guttut und ein anderes uns belastet, warum wir uns manchmal freuen und manchmal sogar ärgern. Ob die Gefühlswelt nun klar und deutlich oder ziemlich gemischt ist – man behält die Gedanken lieber doch für sich und zeigt nur seine Freude. Enttäuschung oder Peinlichkeit – das gibt es ja auch – wird besser überspielt. Denn natürlich haben wir gelernt: Einem geschenkten Gaul schaut man nicht ins Maul! Was soll man da von Paulus halten, der nicht nur tiefer schaut und sich Gedanken macht, sondern dies alles ausspricht, aufschreibt: (Verlesung des Predigttextes)

Zum weiteren Verlauf
Dies muß man wissen: Selbstverständlich hatte Paulus das Recht, unterstützt zu werden. Und selbstverständlich wäre diese Unterstützung von den Philippern auch zu leisten. Aussendende oder neu gegründete Gemeinden zahlten den Unterhalt der Apostel. Diese Übereinkunft galt – für Paulus wie für alle andern auch. Aber Paulus hat verzichtet – freiwillig. Er setzt das Gewohnte außer Kraft und macht damit den Blick frei für alles, was mehr als Gewohnheit ist. Man kann schon auf eine gemeinsame

Geschichte zurückblicken. Man kennt sich seit dem »Anfang seiner Predigt des Evangeliums«. Und auch dies läßt sich sagen, daß man miteinander Gemeinschaft hatte »im Geben und Nehmen«. Die gemeinsame Geschichte, die Hilfe in der Bedrängnis, die Geschenke – hier könnte man doch ungeteilt danken. Was sollen jetzt noch Gedanken? Ich denke, für Paulus sind sie *sein* Geschenk. Er bedankt sich bei seiner Gemeinde mit Gedanken, erwidert so ihre Gabe, setzt es fort, das schöne Spiel des Gebens und Nehmens. Er schaut dem Gaul nicht nur ins Maul. Er sagt auch, was er sieht, und gibt seinem »Danke« damit Tiefe. Das können wir von Paulus lernen: den Schritt vom Oberflächendank zum Tiefendank.
(Der obige Predigtabschnitt kann erweitert oder variiert werden durch Gedanken und Motive aus Abschnitt 1 und 2 der theologisch-homiletischen Skizze.)

Der Denkweg, auf den Paulus die Philipper führt, beginnt bei den Geschenken und reicht zunächst einmal bis zu den Gebern. »Ich habe alles erhalten und habe Überfluß. Ich habe in Fülle, nachdem ich durch Epaphroditus empfangen habe, was von euch gekommen ist.« Die Freude hierüber ist ungeschmälert – aber ihre Wurzeln reichen tiefer. Von den Früchten lenkt Paulus den Blick auf den Boden, aus dem sie hervorgewachsen sind. Ob Geschenke die Freundschaft erhalten, mag man sich fragen. Daß sie der Freundschaft dienen, würde Paulus vermutlich nicht bestreiten. Aber wichtig ist ihm zunächst etwas anderes, nämlich, daß die Geschenke der Philipper die Freundschaft *sichtbar* machen. »Ich bin aber hoch erfreut in dem Herrn, daß ihr wieder eifrig geworden seid, für mich zu sorgen.« Die Gaben sind für ihn ein Zeichen für die Lebendigkeit der Beziehung, sind Ausdruck der Verbundenheit. Den Gaben, den Geschenken spürt er nach, schmeckt, ja schnuppert ihnen nach, saugt ihn ein, den lieblichen Geruch. Daraus zieht er lebensnotwendige Kraft. Aus dem Dank für die Gaben wird auf diese Weise ein Dank für die Geber. Seine Freude über die Gaben möchte er ausweiten, möchte die Philipper mit hineinnehmen in eine Freude, die viel weiter reicht und die Gebende und Nehmende zusammenschließt: Es ist die Freude darüber, daß sie sich wechselseitig haben: Paulus die Philipper und die Philipper ihren Apostel. Das ist allemal wichtiger als die Zeichen, in denen dies zum Ausdruck kommt. Was die Ebene der Dinge anbetrifft, da ist Paulus sehr anpassungsfähig: »Ich habe gelernt, mir genügen zu lassen, wie's mir auch geht.« Er kann mit Mangel umgehen und mit Überfluß. Er kann satt sein und hungern. Dies gilt, so scheint mir, für die Sachen. Es gilt wohl nicht in gleicher Weise für die Menschen.
Paulus ist im Gefängnis. Er ist isoliert und muß mit dem Schlimmsten rechnen. In solchen Extremsituationen fällt der Putz von der Wand, und das

tragende Geflecht wird deutich. Was trägt, sind die vielfältigen Beziehungen, die er geknüpft hat – ist das Beziehungsgeflecht. Es trägt ihn auch, wenn es sich nicht zeigt, weil es sich nicht zeigen kann. Die Philipper waren »zwar immer darauf bedacht, ihm zu helfen«, so heißt es in dem Brief, »aber die Zeit hat's nicht zugelassen«. Die Lebensbedingungen können sich gegen die Dinge richten – aber nicht gegen das Leben, das diese Dinge, wie Früchte, immer wieder hervorbringen will. Diese »Lebenszeichen« sind nicht nur Grund zur Freude für den, der sie empfängt. Sie sind auch Grund zur Freude und Dankbarkeit für sie, die sie senden. Nicht nur Früchte zu ernten ist schön – es ist auch erfüllend und beglückend, Früchte zu bringen.

Mit diesem Gedanken hat Paulus die Philipper auf die letzte Strecke seines Denkweges geführt. Vom Geschenkdank zum Beziehungsdank führt er sie nun in den Lebensdank. Das ist der Dank für die Lebendigkeit, die Paulus an den Philippern wahrnimmt und für die er ihnen die Augen öffnen will. Denn in dieser Lebendigkeit wird ein Geist erfahrbar, der weit über die wechselseitige Zuneigung hinausgeht. Die Beziehung zwischen Gemeinde und Apostel zählt zu ihrer Geschichte, ja vor allem das gemeinsame Wachsen in der Erkenntnis des Evangeliums. Schritt für Schritt haben sie gemeinsam vollzogen, was es bedeutet, sich für die Impulse zu öffnen, die von der Person und der Geschichte Jesu ausgehen. So sind sie denn auch verbunden durch die Erfahrungen gemeinsamen Wachstums, gemeinsamer Krisen – aber auch gemeinsamer Neuanfänge – ein Weg wie eine lange, längst noch nicht abgeschlossene Geburt. Darum schließt die Freude über die spürbare Lebendigkeit den Grund dieser Lebendigkeit ein. Paulus sieht in allem ihren gemeinsamen Herrn wirksam. Wen wundert es, wenn er seine Lebensfreude nicht ohne die Freude an seinem Herrn benennen kann: »Ich bin hoch erfreut in dem Herren.« Das ist keine Phrase. Das ist der Punkt, zu dem man gelangt, wenn man den Geschenken an die Wurzel geht.

Möglicher Schluß

Es mag sein, daß wir gegen die guten Sitten verstoßen, wenn wir Paulus folgen und dem geschenkten Gaul nun doch ins Maul schauen. Es spricht zu viel dafür, daß wir es tun. Der Blick auf den Gabentisch verspricht eine zweite Ernte. Denn durch die veränderte Sichtweise wird der Blick auf den Gabentisch zum Blick in die Welt unserer Bindungen und Beziehungen. Er wird zwar nicht vollständig sein, wie der Gabentisch auch für Paulus bisweilen unvollständig war. Denn auch wir sind nicht davor verschont, daß Zeit und Umstände Früchte hemmen, die gerne wachsen würden. Aber – was nicht vor Augen ist, das kann die Fantasie und die Erinnerung ergänzen. So blicken wir nicht nur weit voraus am Anfang eines neuen

Jahres, wir blicken auch tiefer. Wir spüren den Wurzeln nach, aus denen wir leben. Nicht nur der Blick wird weiter und tiefer – die Freude auch. Sie schließt die Geber der Gaben mit ein. Zur Seligkeit des Gebens – die wir ja auch kennen – kommt die Seligkeit des Nehmens hinzu. Und wer will dies beides gegeneinander ausspielen? Geben und Nehmen: die Rollen mögen wechseln im Laufe unseres Lebens. Aber was bleiben und immer wieder spürbar werden wird, ist diese Seligkeit, ist die Erfahrung, immer wieder belebt zu werden. Denn es muß ja nicht aufhören, dieses Halten und Gehaltenwerden, dies Sorgen und Umsorgtwerden. In dem allen lebt ein Geist, der auch durch Einsamkeit und Isolation, selbst angesichts des Todes nicht zu lähmen ist. Selbst wo wir ganz auf uns zurückgeworfen sind, bleiben uns die Bilder, die Erfahrungen, die Erinnerungen, durch die Jesu Wollen und sein reiches Leben uns erreichen und aufbauen – so wie ein Geschenk.

Kontexte

Als Beispiel für den Perspektivwechsel und die Umwertung unserer Werte durch die Einübung in die Sichtweise unseres Textes:
Um mir ein Bildnis meines Seins zu malen, / errechne ich tagtäglich neue Summen. / Dann setzt Gott seine Zeichen vor die Zahlen, / und was mir galt, hat künftig zu verstummen. / ** Ich sehe meine Ziffern rasch verbleichen. / Was ich auch schrieb, hat seinen Sinn verloren. / Und aus der Wirrnis werden Gottes Zeichen / als einziger Wert, der morgen gilt, geboren.
(Jochen Klepper: Unter dem Schatten Deiner Flügel [1972] S. 55)

Man könnte die Wendung vom »Oberflächen- zum Tiefendank« auch einmal so ausdrücken:
Ich soll das Unglück / das ich durch dich erleide / abwägen / gegen das Glück / das du mir bist / ** Geht das nach Tagen / und Stunden? / Mehr Wochen / der Trennung / des Kummers / des Bangseins nach dir / und um dich / als Tage des Glücks / ** Aber was soll das Zählen? / Ich habe dich lieb /
(Erich Fried: Liebesgedichte. Berlin [2]1980)

Sein Herz schenken: Ein behinderter, heruntergekommener Mann sitzt am Straßenrand und hält den Vorbeikommenden bettelnd die offene Hand hin. Die meisten nehmen vom Bettler keine Notiz. Ein einziger bleibt stehen und sagt: »Ich würde dir gern etwas geben, aber ich habe eben bemerkt, daß ich nicht eine Kopeke in der Tasche habe.«
Darauf gibt ihm der am Straßenrand die erstaunliche Antwort: »Du hast mir mehr als eine Kopeke gegeben. Du hast mir ein Stück deines Herzens gegeben!«
(Vgl. Kurt Buscher, Wegmarken. Kurze Geschichten als Predigthilfen. Luzern/Stuttgart 1980, S. 153)

Es war keine Liebe darin: Es war an einem Tage kurz vor Weihnachten. Ich machte einen Rundgang durch das Altenheim. Zu dem Zimmer eines alten Herrn, der allein für sich wohnte, war vor einer Viertelstunde noch die Paketpost heraufgekommen. Darum wunderte ich mich nicht, daß auf mein Klopfen zunächst keine Antwort kam. »Aha, das Weihnachtspaket!« dachte ich. Tatsächlich, als es endlich hieß: »Herein!«, stand der alte Herr vor dem Tisch und stocherte in dem eben geöffneten Paket.

Man sah auf den ersten Blick, daß es ein reiches Paket war. Später hörte ich, daß die Absenderin, die Tochter des alten Herrn, eine reiche Geschäftsfrau war. Damals litten viele Leute Not und Mangel. Es war die Hungerzeit nach dem zweiten Weltkrieg. Doch in diesem Paket sah man Zigarren, Tabak, Cognac, Rotwein, gefütterte Schuhe, warme Sachen – alles, was man sich nur ersehnen konnte.

Der alte Herr aber machte zu all dem nur ein mürrisches Gesicht. Kein Fünkchen Freude war zu sehen. »Aber Herr Maier«, sagte ich jetzt, »wie kann man vor solch einem Weihnachtspaket solch ein trauriges Gesicht machen? Da ist doch alles Gute drin!« Da sah mich der alte Herr an und sagte: »Da ist keine Liebe drin!«

Dann begann er von der reichen Tochter zu erzählen. Sie hatte das Paket von den Angestellten packen lassen. Sie hatte eine billige, vorgedruckte Weihnachtskarte geholt und darunter geschrieben: »Deine Tochter Luise und Schwiegersohn«. Sonst nichts, kein persönlicher Weihnachtswunsch, kein Besuch, keine Einladung: »Feiere das Fest mit uns!«

Die bestens ausgesuchten Geschenke waren Stück für Stück noch mit den Preisschildchen versehen, damit der alte Vater merken sollte, was man für ihn ausgegeben hatte. Er hatte recht: »Es ist keine Liebe darin!«

(Aus: Theodor Schnitzler, Erzählte Messe. Geschichten für Kinder. Freiburg 1978, S. 81)

Epiphanias

Predigttext: 2. Korinther 4,3–6
Klaus v. Mering

Theologisch-homiletische Skizze

Ich bin zu Besuch in einer sächsischen Pfarrkonferenz, alles Kollegen aus dörflichen oder kleinstädtischen Gemeinden. Der Superintendent leitet ein Predigtvorbereitungsgespräch für das bevorstehende Epiphaniasfest. Man diskutiert eifrig den Text und die theologische Bedeutung des 6. Januar. In einer Gesprächspause frage ich verwundert dazwischen, ob dieser Tag hier denn überall gottesdienstlich begangen werde; bei uns im Nordwesten sei das zumindest in kleineren Gemeinden keineswegs die Regel. »Aber selbstverständlich«, der Superintendent scheint überrascht, wie man überhaupt so fragen kann, »ein so wichtiges Datum im Kirchenjahr ...«. Die Kollegen freilich, die hinter ihm und damit außerhalb seines Gesichtskreises sitzen, signalisieren mir augenzwinkernd und kopfschüttelnd, daß die Realiltät offenbar eine andere ist.
Ist das Epiphaniasfest längst eine verlogene Fiktion und fällt vielerorts stillschweigend mit dem 1. Sonntag nach Epiphanias zusammen, weil Gemeinden wie Pfarrer, von der Fülle der zurückliegenden Festtermine ermüdet, für einen zusätzlichen Gottesdienst an einem Werktag (Ausnahme: Baden-Württemberg und Bayern, wo Epiphanias als ›protestantischer Dreikönigstag‹ vermutlich noch im Bewußtsein auch der evangelischen Bevölkerung verankert ist) keine Kraft mehr haben? Oder ist das Fest in unserer Volkskirche noch zu halten, gar wiederzugewinnen?
Wie Weihnachten, so verdankt auch Epiphanias sein Datum einem heidnischen Fest: Im Weinwunder (Joh 2 war ursprünglich *der* zentrale Text, heute 2. Sonntag nach Epiph.) »offenbarte Jesus seine Herrlichkeit« (Vers 11). »Wegen der Parallele dieses Wunders zu den Mysterien des Weingottes Dionysos (wurde Epiphanias) an dessen Tag begangen« (Wörterbuch des Christentums, Gütersloh 1988 S. 305; auch dieses neue Lexikon kennt n.b. kein Stichwort ›Epiphanias‹ mehr, man muß sich die entsprechenden Informationen aus anderen Artikeln zusammensuchen!). Heute markiert der 6. Januar in der Regel das Ende der Weihnachtsferien und ist, im wörtlichen oder übertragenen Sinn, ein Tag der ›Rückreise‹ geworden, der Rückreise in den Alltag. Ob es noch einmal gelingt, diesen ›heidnischen‹ Termin zu christianisieren? Ich denke, in einer Gesellschaft, die immer mehr zur Freizeitgesellschaft wird, sollte der Versuch lohnen. Die Menschen, denen ich zu predigen habe, machen sich an diesem Wochenende auf den Heimweg aus einem winterlichen Kurzurlaub auf Langeoog. Oder sie kehren nach der ›Saison Weihnachtsferien‹ in den stillen Inselwinter unseres Dorfes zurück. Beide aber möchten auf unterschiedliche Weise etwas mitnehmen von dem »hellen Schein« der Feiertage, mitnehmen nicht nur als schöne Erinnerung, sondern als »meines Fußes Leuchte« (Ps 119,105),

die nicht die ganze Welt in gleißendes Scheinwerferlicht taucht, sondern Licht gibt für den nächsten und übernächsten Schritt. Dieses Bedürfnis möchte ich ernstnehmen und lade sie darum am Sonnabend, dem 6.1.90, zu einem Abendgottesdienst mit Feier des Hl. Abendmahls in die Inselkirche ein.

Vorschläge zur Liturgie

Begrüßung und Hinführung

Zu diesem (Abend-)Gottesdienst anläßlich des Epiphaniasfestes heiße ich Sie herzlich willkommen. Der 6. Januar war in der Antike ursprünglich ein Weinfest und dem Gott des Weines, Dionysos, geweiht. Die Christen haben diesen Tag dann mit einem anderen Inhalt besetzt, weil sie Erfahrungen mit einem anderen ›Geist‹ gemacht haben, der mehr zu bewegen vermag als der aus der Flasche. Im Laufe der Jahrhunderte scheint mir das Epiphaniasfest allerdings, jedenfalls hierzulande, dermaßen in den Windschatten von Weihnachten geraten zu sein, daß viele Christen dieses Datum allenfalls noch als Dreikönigstag kennen und für ein katholisches Heiligenfest halten.
Aber vielleicht liegt in dieser Entwertung auch eine Chance: Gerade weil wir Weihnachten so sehr zum Fest der Innerlichkeit gemacht haben, fällt uns die Rückreise in die Äußerlichkeit unseres Alltags so schwer. Aus der entlastenden Botschaft »Euch ist heute der Heiland geboren« ist für viele unversehens eine Belastung geworden, die es ihnen jetzt schwer macht, wieder Tritt zu fassen. Ob uns der heutige Gottesdienst hier ein wenig zum Geländer werden kann, damit wir gelten lassen können, was wir in den letzten Tagen erlebt haben, und trotzdem, nein, eben darum zuversichtlich unsern Weg in den Alltag unter die Füße nehmen können? Lassen Sie uns miteinander hören, singen, beten, damit Gottes Wort mehr Recht behält in unserem Leben als unsere Ängste!

Psalm-Meditation

Erschienen ist der Herr aller Herren. Die Großen dieser Welt haben ihren Meister gefunden.

Die Völker warten auf Gerechtigkeit, / auf ein Recht, das nicht nur auf dem Papier steht, sondern das Zusammenleben der Menschen bestimmt.

Papieren sind die Erlasse der Mächtigen, / und wie Wind verwehen die Beschlüsse der Konferenzen.

Wenn du nicht eingreifst, Herr, bleibt die Gerechtigkeit auf der Strecke, / und niemand kümmert sich um den, der um Hilfe schreit.

Du hast ein Zeichen gesetzt in dem Kind, das im Stall lag, / seine Krippe wurde zum Ziel der Großen aus dem Morgenland.

Soll das heißen, daß dieser Kleine die Gewähr ist für Frieden? / Sollen von ihm wir erwarten, daß Recht einkehrt auf Erden?

Staunend erkenn ich die Ohnmacht des Mobs, der ihn kreuzigt, / ratlos steht Roms Gouverneur vor der Autorität dieses Menschen.
Macht wird durch Ohnmacht gestürzt und vertrieben. / Herr dieser Welt wird es heißen, das Kind, das im Stall man geboren.

Erschienen ist der Herr aller Herren. Die Großen dieser Welt haben ihren Meister gefunden. (nach Ps 72)

Gebet

Herr, Schöpfer des Lichts, du hast die Weisen aus dem Ostland durch einen Stern in der Nacht zur Krippe deines Sohnes geleitet. Herr Jesus Christus, du bringst mit deiner Nähe in Armut Licht und Wärme in die kalte Lieblosigkeit unserer Herzen. Herr, Heiliger Geist, du erfüllst unser Wissen und Verstand mit dem hellen Licht deiner Erkenntnis. Wir bitten dich: Leite, wärme und erleuchte uns, damit wir getrost und behütet unsere Wege gehen, bis du aller Welt erscheinst in Herrlichkeit. Amen.

Lesungen

Epistel: 2. Kor 4,3–6; Evangelium: Matth 2,1–12

Credo

Nizänisches Glaubensbekenntnis (das mit den Worten »Gott von Gott, Licht vom Licht, wahrer Gott vom wahren Gott« die ursprüngliche Legitimation von Weihnachten und Epiphanias als Christgeburtsfest formuliert: Es geht um die Menschwerdung des Christus, nicht um die rührende Geburt eines Babies unter schwierigen Umständen!).

Lieder

Zum Eingang: 357, 1.2.5.6 oder, falls der Gottesdienst vormittags stattfindet, 377 oder 338. Als Hauptlied: 48, 1.3.4. Vor der Predigt: »Stern über Bethlehem ...« (z.B. EKT '83 Nr. 759, 1+4) oder 232,4. Nach der Predigt: »Die Weisen sind gegangen ...« (Beiheft zum EKG Rheinland Nr. 605) oder »Erleuchte und bewege uns ...« (EKT '87 Nr. 102) in Verbindung mit EKG 41, 1.2.4 oder »Ein Lied hat die Freude sich ausgedacht ...« (EKT '87 Nr. 100). Zum Abendmahl: »Ein Licht ist uns entzündet ...« (Text in: Peter Spangenberg, Mit Gott reden, GTB 326 S. 16; Mel. EKG 250 oder 278); »Von guten Mächten ...« (EKT '83 Nr. 724, 1.2.5.6); »Brot des Lebens, Halt und Hilfe ...« (EKT '87 Nr. 84); »Im Frieden dein, o Herre mein ...« (EKT '83 Nr. 674) und/oder EKG 46. Vor dem Segen: EKG 53, 1+8.

Fürbittengebet

Kirchengebet zum letzten Sonntag nach Epiph. in ›Höre uns, Herr‹, Gütersloh 1982, S. 46f.

Zum Abendmahl
Wir teilen Brot und Wein, um einander daran zu erinnern, daß Gottes Sohn Mensch wurde, um alles mit uns zu teilen. / Wir teilen Brot und Wein im Glauben, daß er, der Auferstandene, auch seine Zukunft mit uns teilen will. / Wir teilen Brot und Wein, um einander Mut zu machen, auch die Gaben und Begabungen unseres Alltags miteinander zu teilen. / Wir teilen Brot und Wein in der Hoffnung auf das Reich Gottes, da alle teilhaben dürfen an seinem Licht, seiner Liebe und seinem Leben. / Niemand ist hier vom Abendmahl ausgeschlossen, welches auch seine Konfession, sein Alter oder was sonst an Merkmalen sei, die wir andernorts benutzen, um uns voneinander abzugrenzen. Gott ist offen, das Abendmahl ist offen für jeden.
Und damit sich auch niemand selbst ausschließen muß im Blick auf das, was wir im Abendmahl zu uns nehmen, bieten wir den Wein in zweierlei Gestalt an: als ungegorenen Wein, also Traubensaft (rechts) und als Wein in herkömmlicher Form, also Weißwein (links). Bitte, stellen Sie sich auf die jeweilige Seite des Altars, wenn Ihnen das eine oder andere für den Empfang des Herrenmahls wichtig ist! So kommt, denn es ist alles bereit! Schmecket und sehet, wie freundlich der Herr ist! (1. Absatz frei nach einer Vorlage aus ZGP 3/86).

Vorschläge zur Predigt
Möglicher Predigtanfang
Ich sitze beim Frühstück. Das Radio spielt leichte Musik. Gleich will ich mich an die Predigt machen, ich habe den Text gestern abend schon einmal gelesen, damit er über Nacht ›aufgehen‹ kann – wie Hefeteig. Der Sprecher im Rundfunk kündigt die nächste Platte an, eine bekannte Schnulze, und fügt mit übertrieben fürsorglicher Stimme hinzu: »Damit Ihnen warm ums Herz wird. Drehen Sie also die Heizung ruhig herunter, die Wärme kommt jetzt aus dem Radio!«
Er meint es als Witz. Er macht sich über die Hörer lustig, denen bei solcher Musik tatsächlich warm ums Herz wird. Aber er beweist damit zugleich sein verkürztes Wirklichkeitsverständnis: Wärme kommt aus der Heizung, oder es ist keine Wärme da; denn die Schallwellen aus dem Radio lassen sich natürlich nicht in Wärme umsetzen. Wirklichkeit oder Einbildung – wir haben uns angewöhnt, das meistens für einen unversöhnlichen Gegensatz zu halten. Wenn wir sagen: »Das bildest du dir ein!«, dann meint das in der Regel: ›Das gibt es nicht! Das existiert nur in deiner Fantasie und ist nicht wirkich!‹ In der Bibel wird dagegen ein viel umfassenderes Wirklichkeitsverständnis vorausgesetzt. Da weiß man um Kräfte, die einen Menschen binden können, auch wenn er sich scheinbar weiterhin nach Belieben bewegen kann. Da können Wünsche und Begehrlichkeiten einen

Menschen blenden und blind machen, auch wenn ihn jeder Augenarzt für gesund erklärt. Da fangen Worte an, einem Menschen Wegweisung zu geben, die für andere bestenfalls ehrwürdige alte Formeln sind. Kurzum, die Frauen und Männer der Bibel wissen, daß wir Menschen nicht nur von dem bestimmt und gelenkt werden, was wir beweisen und begreifen können, sondern auch von dem, was unser Wollen und unser Fühlen beeinflußt.
Und das sind ja Erfahrungen, die keineswegs in die Buchdeckel der Bibel eingesperrt sind. Warum betonen z.B. die Ärzte, daß für die Genesung ihrer Patienten der Wille des Kranken, gesund zu werden, mitentscheidend ist? Warum legen Firmenchefs Wert auf ein gutes Arbeitsklima in ihrem Unternehmen? Nicht aus purer Menschenfreundlichkeit, sondern weil sie wissen: Die Arbeitsleistung ihrer Mitarbeiter steigt und die Zahl der Krankmeldungen nimmt ab, wenn es Spaß macht, in diesem Betrieb zu arbeiten. Oder warum reden Wirtschaftsfachleute mitten in ihren auf exakte Zahlen aufgebauten Ausführungen von so nebulösen Werten wie einem »konjunkturfreundlichen (oder -unfreundlichen) Klima«? Doch deshalb, weil sie aus Erfahrung wissen: Die sog. Einbildungen des Menschen werden sehr schnell zu ganz handfesten (und meßbaren!) Wirklichkeiten, wenn man nicht anderen ›Einbildungen‹ gegensteuert. Nein, es gibt keinen Grund, daß sich das biblische Wirklichkeitsverständnis vor dem Zeitgeist verstecken müßte, im Gegenteil, dieser Zeitgeist, der sich oft in so anmaßender Weise für modern und überlegen ausgibt, hat alle Ursache, sich seiner Gestrigkeit bewußt zu werden.

Zum weiteren Verlauf

Nun möchte ich versuchen, Erfahrungen meiner Zuhörer aus den letzten Tagen (Freisein, Familienfeier, Gottesdienste) noch einmal zu benennen und sie im Sinne einer ›Hinreise‹ (D. Sölle) zu charakterisieren. Was wir an Ruhe, Wärme, Freude, Gemeinschaft, Helligkeit erlebt haben, muß sich in den nächsten Tagen nicht als weltflüchtiger Traum entpuppen, wenn wir fest im Blick behalten, daß wir nicht an unsere Veränderung glauben, sondern an den, der als Licht in unsere Finsternis kam. »Denn wir predigen nicht uns selbst, sondern Jesus Christus, daß er der Herr ist, wir aber eure Knechte um Jesu willen.« Nicht das Licht, das wir (vielleicht) gesehen haben, ist Einbildung, Projektion sehnlicher, aber leider nicht zu erfüllender Wünsche, nein, die Finsternis beruht auf einem Irrtum, einer ›Ein-Bildung‹, die allerdings ihrerseits sehr reale Auswirkungen hat: Die Wirklichkeit des Evangeliums wird dadurch »verdeckt« (Vers 3) und kann nicht als Orientierung dienen.
Wir werden uns allerdings hüten, die Grenze zwischen Licht und Finsternis, zwischen Erleuchtung und Verblendung gleichzusetzen mit der

Grenze zwischen Christen und ›Heiden‹, Gerechten und Sündern, Erleuchteten und Verblendeten. In diesem Zusammenhang möche ich versuchen, die in der Exegese von Peter Weigandt (Ergänzungsband) herausgearbeitete Auseinandersetzung zwischen Paulus und den Korinthern für unsern Zusammenhang fruchtbar zu machen: Wie der Apostel den Korinthern nahelegt, »sich als solche zu verstehen, die – wie er selbst – teilhaben an der ›Erkenntnis der Herrlichkeit Gottes im Angesicht Jesu Christi‹«, und ihnen damit eine Brücke baut, »daß sie nach ihrem Abfall von ihm wieder zu ihm zurückkehren können, ohne ihr Gesicht verlieren zu müssen« (Weigandt), so läuft die Trennlinie auch heute nicht nur quer durch die volkskirchliche Gemeinde, sondern durch das Herz jedes einzelnen von uns. Jeder von uns braucht immer wieder diese ausgereckte Hand, um aus der Erfahrung von Verblendung und Finsternis ›ohne Gesichtsverlust‹ in das Licht der »Erkenntnis der Herrlichkeit Gottes« hinübertreten zu können.
Von einem Prominenten aus dem Showgeschäft las ich einmal, er habe auf die Frage, wie er mit Mißerfolgen und Selbstzweifeln, ja überhaupt mit den dunklen Erfahrungen des Lebens fertig werde, geantwortet: Das Wichtigste sei, über die erste Nacht hinwegzukommen. Und da wäre es ihm egal, ob einer dazu ein Schlafmittel, eine Frau, eine Flasche Schnaps oder ein Gebetbuch nähme. Wir werden das empörend finden, wie hier Unvergleichliches in einem Atemzug genannt wird. Aber ich glaube, viele Menschen denken und handeln so. Und wenn wir uns sicher sind, daß wir nicht dazugehören, dann müssen wir uns doch zumindest die Frage gefallen lassen, ob wir durch unser Verhalten diesem verbreiteten Mißverständnis nicht Vorschub geleistet haben.
Aus den jungen Kirchen der Zweidrittelwelt dringt immer lauter die Frage zu uns herüber, ob wir Christen des Abendlandes uns nicht viel zu lange und viel zu einseitig mit dem Problem der Orthodoxie beschäftigt und dabei die Orthopraxie vernachlässigt haben, d.h. ob wir in unserer Geschichte nicht einseitig auf Fragen der rechten Lehre und Abwehr von Irrlehre fixiert waren und noch sind und dabei übersehen, daß man das Evangelium mindestens ebensogut durch falsches Handeln ›verdecken‹ und verfälschen kann. Wir führen Menschen in die Irre, wenn unsere Frömmigkeit nicht weiterweist auf den, an den wir glauben, sondern die Menschen, die uns begegnen, sich nur heimlich an die Stirn tippen, als hätten wir ihnen Gänseblümchen zum Kauf angeboten. Wir führen allerdings Menschen auch dann in die Irre, wenn wir unser Christsein wie einen geheimen Aktenvermerk mit uns herumtragen. Jesus braucht uns als Zeugen, damit die Menschen sein Licht wahrnehmen und den Weg zu ihm finden. Aber wir sind nicht selber das Licht, das sie ›erleuchten‹ und ihnen Orientierung geben soll. ›Rede nur, wenn du gefragt wirst; aber lebe

so, daß man dich fragt!‹ habe ich mal gelesen. Ich glaube, das ist eine gute Richtschnur, um beiden Mißverständnissen zu entgehen. ›Rede nur, wenn du gefragt wirst!‹ Fall andern nicht mit deinen frommen Überzeugungen auf den Wecker. Sie werden dich im besten Fall dafür bewundern, daß du so ›konsequent‹ zu deiner Sache stehst, und ihren eigenen Unglauben beklagen. Aber sie werden von dir nicht auf das Licht hingewiesen, das auch ihnen leuchtet. ›Rede nur, wenn du gefragt wirst!‹ Aber ›lebe so, daß man dich fragt!‹ Sei nicht so behäbig rund oder aalglatt in deinem Christsein, daß niemand eine Ecke findet, an der er sich stößt. Lebe so, daß Menschen hier und da stutzig werden und fragen: »Warum machst du das?« Oder: »Warum tust du nicht, was alle tun?« Oder: »Wie hältst du das aus?« Wir brauchen uns nicht zu fürchten vor solchen Fragen. Unsere Antworten brauchen nicht großartiger zu sein als unsere Taten. Vielleicht werden wir auch mitunter gemeinsam mit dem Frager auf die Suche gehen nach der Antwort, die wirklich zufriedenstellt. Aber wäre das nicht das schönste Bekenntnis, das sich denken läßt?

Möglicher Schluß
»Die Weisen sind gegangen. Der Schall verklang, der Schein verging; der Alltag hat in jedem Ding nun wieder angefangen«, heißt es in dem Lied, das wir gleich singen werden. Uns wird es nicht besser gehen, wie sollte es! Aber ob der Alltag vor uns grau ist, weil uns vor ihm graut, oder weil er im Morgengrauen liegt und das Licht auf ihn zukommt, dem wir in diesen Tagen begegnet sind, das können wir mitentscheiden: »Wem trau ich mehr: der einen Nacht oder den vielen Tagen?« Amen.

Kontexte
»Nur wer aufbricht, erfährt, was ihm bleibt.« (Für jeden neuen Tag 15, S. 20)

»Wenn du dich nicht fallen läßt, kannst du nicht erfahren, daß du getragen wirst.« (Für jeden neuen Tag 17, S. 22).

»Den wahren Geschmack des Wassers erkennt man in der Wüste.« (Ja zu jedem Tag, S. 128).

»Menschen, die das Risiko scheuen, gehen das größere Risiko ein.« (Wege entdecken, S. 10)

»Gott gibt die Nüsse, aber er bricht sie nicht auf.« (Joh. Wolfg. v. Goethe)

»meinen schweren kopf / in einen leichten schoß zu betten / meine stirn / in eine kühle hand / den kaputten Tag / in einen dunklen Schrank zu legen /

meine traurigkeit / in ein gesummtes lied / meinen kinderwunsch / in gottes großes ohr zu flüstern ... / nimm dein geträumtes bett und geh (Friedr. K. Barth / Peter Horst).

»... Und ist der Wechsel von Tag und Nacht nicht ein ganz natürlicher Ablauf, der sein Gutes hat? Wie unbarmherzig wäre stets gleiches Licht für unsere Augen! Wie grausam wäre ständiger Sonnenschein für den Boden: er würde ihn bald zur Wüste machen! Dennoch: in jedem Dunkel bedroht uns das Chaos. In jeder Nacht bleibt die Frage offen, ob das Licht des Tages wirklich noch einmal siegt. In diesem Kampf gibt es für uns eine Hoffnungsperspektive: daß wir den als unsern Herrn anrufen dürfen, der als das Licht über die Finsternis gesiegt hat. Dieser Glaube macht die Dunkelheiten unseres Lebens transparent. Sicher bedeutet er nicht die Befreiung vom Leiden. Und doch ist man anders frei als vorher, weil man sein Leben ganz aus den eigenen Händen geben und dem »Vater des Lichts« (Jak 1,17) anvertrauen darf. Von diesem Licht ergriffen, vermögen wir selbst transparent zu werden und unser Licht leuchten zu lassen (Matth 5,16), das nicht unser Erzeugnis und nicht unser Privateigentum ist ...« (Gerd Heinz-Mohr, zit. in Sam. Rothenberg, Christsein heute und morgen, S. 230f.).

Vgl. außerdem ›Der alte Brunnen‹ in: Willi Hoffsümmer, 255 Kurzgeschichten. M. Grünewald-Verlag Mainz 1982[3], S. 22. Diese Geschichte könnte in einem Familien- oder/und Taufgottesdienst zum Tage eine Rolle spielen (Epiphanias war schon in der alten Kirche neben Ostern der wichtigste Tauftag!). Ich würde die Geschichte noch ein bißchen farbiger erzählen, um dann abzubrechen an der Stelle: »Aber es dauerte lange, bis er den Grund wußte«. Gemeinsam könnte dann nach der Lösung, der Deutung und der Beziehung zur Taufe gesucht werden. Ebenfalls für einen Familiengottesdienst geeignet scheint mir das Gedicht »Falsche Erwartung« von Siegfried Macht (in: Erzählbuch zur Weihnachtszeit, Kaufmann Verlag Lahr 1988[3], S. 22). Dieses Gedicht lädt ein, in Form eines Rätselspiels nach biblischen Geschichten und Gesangbuchversen zu suchen, auf die in dem Text angespielt wird. Wer findet die meisten? Oder: Wer kann eine oder mehrere der gefundenen Bibelszenen darstellen?

1. Sonntag nach Epiphanias

Predigttext: Jesaja 42,1–4(5–9)
Egbert Haug-Zapp

Theologisch-homiletische Skizze

Die exegetischen Mehrdeutigkeiten (Wer ist der »Knecht«? Wer das »geknickte Rohr«? Was meint »Recht?«) eröffnen homiletische Spielräume. Dies zumal, wenn man mit der Exegese (Bd. 4) in den Versen 5ff. einen späteren Konkretisierungsversuch sieht und sie nicht einbezieht. Was exegetisch offen ist (dem orakelhaften Stil entsprechend gewolltermaßen), kann nur durch die Betroffenheit der jeweiligen Hörer des Textes eindeutig werden.

Die Offenheit hat freilich klare Grenzen. Gerade weil so vieles in der Schwebe bleibt, fällt umso eher auf, was eindeutig ist: Ein Anti-Held wendet sich auf leise, gewaltlose, aber unaufhaltsame Weise schützend den Bedrohten zu und erschließt so allen Gottes heilsame Zukunft.

»Gott im Unten« (Ulrich Bach) und gerade als solcher unaufhaltsamer Bringer des Heils für alle – mit dieser Pointe ist der Text der Weihnachtsbotschaft nahe, die den Hörern noch in frischer Erinnerung ist. Gerade im Weihnachtstrubel aber wurde ja diese leise Botschaft zugleich zugeschrieen. Jetzt, bei abgetakelten Bäumen, kann im Hören auf diesen Text gefragt werden: Was bleibt? Hiermit kann eine erste Verständigung mit den Hörern beginnen.

Für den Fortgang schwanke ich zwischen zwei von mehreren Möglichkeiten: Der Text läßt sich eher seelsorgerlich-tröstend konkretisieren: Wir nehmen wahr, was an uns geknickt ist. Wir hören von Gottes heilsamem Boten, wie er in Jesus Gestalt gewonnen hat. Ihm brauchen wir eigene Schwächen – auch im Glauben – nicht zu verbergen. Schwäche lädt Gott ein, uns nahe zu kommen ...

Der Text läßt sich – exegetisch zumindest gleichberechtigt – auch eher aktivierend akzentuieren: Bis in die fernsten Fernen (»Inseln«) warten Gottes Geschöpfe darauf, daß wir mit unserer Lebenspraxis gewaltlos, leise, aber unwiderstehlich für Gottes Heil einstehen. Der konziliare Prozess steckt für diesen Aspekt einen terminlich anstehenden und thematisch weiten Rahmen ab.

Die homiletische Aufgabe ist wohl erst dann gelöst, wenn es gelingt, beide Aspekte zu integrieren. Da an diesem 1. Sonntag nach Epiphanias vermutlich wieder die regelmäßigen Gottesdienstbesucher unter sich sind, kann der erste Aspekt nicht übersprungen werden. Auf den ökumenisch-politischen Horizont zu verzichten, hieße freilich den Text zu kupieren. Es wird also darauf ankommen, nach dem Eingehen auf Aspekte, in denen »Kirchentreue« ihr eigenes Geknicktsein erfahren, solche zu benennen, in denen die eigene Betroffenheit zugleich in gesellschaftliche Zusammenhänge führt. Das könnte etwa die Frage der Integration von Behinderten oder Benachteiligten sein oder die eigene Rolle als Konsument (»Konsumismus« als gerade auch an Weihnachten virulente Ersatzreligion).

Vorschläge zur Liturgie

Liedvorschläge

EKG 7,1+3+5+6; EKG 42,1–3.7+8; EKG 233,5+6+8; Singe Christenheit (Beiheft EKHN, EKKW) 764,1–5: Komm in unsere stolze Welt, Herr, mit deiner Liebe Werben ...; Mein Liederbuch für heute und morgen, B 97: Selig seid ihr, wenn ihr einfach lebt ...; Singe Christenheit 688: Wenn wir jetzt weitergehen, dann sind wir nicht allein ...

Eingangsvotum

Matth. 20,28: Der Menschensohn ist nicht gekommen, daß er sich dienen lasse, sondern daß er diene und gebe sein Leben zu einer Erlösung für viele. Oder: Psalm 126.

Schriftlesung

Joh 8,1–11; oder: Lk 19,1–10; 1. Kor 1,26–31 oder 2. Kor 12,7–10.

Gebete

Als Eingangsgebet bzw. Sündenbekenntnins scheint eine Meditation einiger der Seligpreisungen möglich; wird es als Sündenbekenntnis formuliert, so können die Seligpreisungen als Gnadenzusage gesprochen werden.

Als Eingangsgebet sei hier die Paraphrase zu zwei Makarismen von Jörg Zink (Wie wir beten können, Stuttgart 1970, S. 274f.) zitiert:
»Glücklich sind, Herr, so sagst du, / die Sanftmütigen, denn sie werden die Erde besitzen. / Glücklich, sagst du, die Behutsamen und Freundlichen, / die Gebeugten, die an der Erde arbeiten / und sich vor dem Schmutz nicht fürchten. / Glücklich die Hoffenden, / die warten können, bis die Frucht da ist. / Glücklich, die keine Gewalt anwenden, / sondern der schaffenden Kraft vertrauen. / Glücklich, denn ihnen wird die Erde gehören. / Du meinst mich. Ich bitte dich: Gib mir die Mühe auf deinem Acker / und deine Kraft. / Glücklich, sagst du, sind die Barmherzigen, / denn sie werden Barmherzigkeit erlangen. / Glücklich sind, die Wehrlose hüten, / die für Entrechtete eintreten, / die für die Klagen der Verzweifelten ein Ohr haben, / für den wortlosen Jammer ein Auge, / für die hilflose Schwäche eine starke Hand. / Glücklich, die an der Erde arbeiten wie du, / die deine Kraft anwenden / und Frucht schaffen. Du meinst mich. / Glücklich, sagst du, sind die Barmherzigen, / denn ihnen wird einfallen, was zu tun ist. / Glücklich, weil du nahe bei ihnen bist / und ihnen deine Barmherzigkeit schenkst. / Herr, mache mich zu einem deiner Barmherzigen, / denn Dein ist die Kraft.«

Elemente des Fürbittengebets
Gütiger Gott, du kommst nicht im Glanz deiner Macht, sondern verwundbar, weil du liebst. Deine Liebe macht auch uns bereit, verwundbar zu werden: Liebe zu wagen, auch wenn wir Ablehnung ernten; Träumen zu trauen, auch wenn Enttäuschungen drohen; zu handeln, auch wenn wir dabei schuldig werden können.
Gütiger Gott, du bist auf unerwarteten Wegen gekommen, weil du die Verwundeten suchst und die Geknickten. Deine Liebe mache uns bereit, deine Wege zu gehen: zu den Kindern, die an Weihnachten nur Geschenke bekamen, aber keine Zuwendung; zu denen, die über die Festtage doppelt ihre Einsamkeit gespürt haben; zu den Verzweifelten, die im Glanz der Lichter noch bedrückender ihr Dunkel erlitten ...
Gütiger Gott, unaufhaltsam bist du den Weg deiner gewaltlosen Liebe gegangen bis ans Ende am Kreuz. Wir hoffen, daß deine Liebe sich nicht wird aufhalten lassen von all dem, was Deinem Recht im Weg steht. Laß Deine Liebe nichts aufhalten, bis kein Menschenkind mehr hungert, niemand mehr ausgebeutet wird und mißbraucht, niemand mehr der Wahrheit wegen leidet ...

Vorschlag für die Predigt
Möglicher Anfang
Nun ist es also endgültig wieder vorbei, das große Geburtstagsfest: Weihnachten genannt. Die Dekorationen sind abgeräumt, wir essen wieder aus dem Alltagsgeschirr, die großen Töne sind verklungen, die feierliche Stimmung hat sich gelegt.
Soll denn nichts bleiben? Vielleicht kennen Sie auch die Situation: Beim Aufräumen der Kleider, die man bei einem Fest getragen hat, findet man einen Zettel mit einer Adresse oder eine Visitenkarte. Und plötzlich spürt man: Ja, das ist gut und wichtig, daß ich diese Adresse habe und die Bedeutung dieses Menschen weiß, gut daß ich ihm begegnet bin auf dem Fest.
Unser heutiger Predigttext ist so eine uns zugesteckte Visitenkarte. Gleichgültig, ob wir gerne beim Fest dabei waren oder unwillig, als Zaungast oder mitten drin, begeistert oder eher als skeptischer Beobachter – das soll uns allen bleiben, daß wir wissen, wo er zu finden ist, der da gekommen ist, und was seinen Rang ausmacht.
Gottes Adresse bleibt zu unser aller ständiger Überraschung: »ganz unten«. Sein Titel heißt »Knecht«: Seine Hoheit bleibt seine Niedrigkeit, seine Macht bleibt seine Ohnmacht, sein Glanz dieses zarte Licht, seine Stimme dieser leise Ruf.
Wir haben Gottes Adresse und müssen sie immer wieder neu entdecken wie die Weisen aus dem Morgenland, die ja auch viele Stationen zurück-

zulegen hatten auf ihrer Suche, von den ersten Adressen bei Hof, wo sie verständlicherweise begannen, bis hinab in den Stall des Provinzstädtchens Bethlehem.
Der Stall ist keine Weihnachtsmarotte, das bleibt Gottes Adresse: der Platz ganz unten. Das ist und bleibt seine Erscheinung: der Anti-Held, das Kind, in all seiner Abhängigkeit, der Leidende und Mitleidende, der ohnmächtig Liebende, der Leise, um den man Angst haben muß. So wurde er von Leidenden erwartet, lange ehe es Weihnacht wurde, wie in unserem heutigen Predigttext aus dem Prophetenbuch Jesaja. So hören wir es durch alle Evangelien von Jesu Weg »vom Stall an den Galgen«.
»Ganz unten«, das soll uns als Auskunft über Gottes Ort bleiben. »Knecht«, das soll uns als sein Ehrentitel bleiben.

Zum weiteren Verlauf
Nach diesem Versuch, den Stil der »Präsentationsrede« zu paraphrasieren und eine theologische These an den Anfang zu stellen, sollte diese gewaltlose, leise, sanftmütige Weise heilender Zuwendung, Mitleiden als Weg des Heilens von Leiden, evtl. unter Rückgriff auf in den Kontexten formulierte Gedanken, etwas zugänglich gemacht werden. Liebe heilt nicht durch Eingriffe von außen und oben, sondern durch Nähe, Begleitung, Sympathie. »Sympathisant» der leidenden Menschen wird Gott. Es paßt gut in unsere Kultur der Leidensverdrängung, daß dieses Wort anrüchig wurde.
Diese Aussagen werde ich in zwei Richtungen versuchen an Konkretionen durchzuspielen, einmal als Gottes Zuwendung zu uns, gerade da, wo wir uns geknickt erleben, und zum andern als einen »Weg aus der Gefahr«, den wir »kleinen Leute« auf andere zugehend trampeln können (vgl. Kontexte, Zitat Eppler).
Wenn Gott »ganz unten« ankommt, ganz unten zu finden ist, dann werden wir ihn auch bei uns selbst an den Stellen antreffen, wo wir nicht die Tüchtigen, Gradlinigen sind, sondern geknickt, nicht dort, wo wir uns strahlend präsentieren, sondern eher dort, wo unser Licht zu verlöschen droht.
Als erste Konkretion des Untenseins möchte ich auf den Zweifel am Glauben eingehen, auf die ungereimten Fragen, die dem Glauben das Rückgrat zu brechen scheinen, all das, was sich nach Weihnachten wieder zeigt und mit dem Bild vom »lieben Gott« nicht versöhnbar ist.
Als zweiten Aspekt, der die Hörer selbst betrifft, kann auf Knicke in der Biografie – Trennungen, Schuld, Krankheit – angespielt werden. Wie gehen wir damit an einer Jahreswende um?
Gott beschämt nicht unsere Schwächen im Glauben und Leben, er kommt mitleidend, ja Mitleid erweckend, auf uns zu, um die Kraft der Schwachen, die Kraft in unseren persönlichen Schwächen erfahrbar wer-

den zu lassen. Der Zweifel kann dem Glauben dienlich werden, das Leiden dem Leben, die Trauer der Lebendigkeit. Gott ist gekommen, um fruchtbar zu machen, was hoffnungslos wirkt.
Dieser Teil droht sicher sich über Gebühr zu dehnen, denn hier ist die intensive Beteiligung der Hörer-/innen sehr wahrscheinlich. Hier sind Leidensdruck und Zutrauen zu heilsamen Schritten gegeben. Um dem politischen Horizont des Textes gerecht zu werden, darf der weitere Schritt nicht zum bloßen Anhängsel werden.
Jesajas Hoffnungen gehen über den Trost der einzelnen Geknickten hinaus. Seine Hoffnung reicht bis zu den fernsten Fernen, den Inseln am sog. Ende der Welt, zu anderen Völkern, in das rauhe Geschäft von Politik und Wirtschaft hinein.
Auch dorthin soll sich Gottes Recht durchsetzen auf diesem merkwürdigen, sanftmütigen, leisen Weg, durch Menschen, die zu solcher sanftmütigen Hoffnung angesteckt sind, weil sie sie erlebt haben.
Aus dem Erfahrungsbereich unserer Gemeinde möchte ich als Konkretionen dieser Hoffnung auf die Kraft der Schwachen nennen: einen sehr stark beachteten Schweigemarsch gegen den Terror militärischer Tiefflüge, den Boykott von Früchten aus Südafrika und dessen erste spürbare Wirkungen nach langen Jahren zähen Durchhaltens der Ev. Frauenarbeit, die Bereitschaft zum Zusammenleben mit Behinderten in integrierten Kindergärten.

Zum Schluß möchte ich nochmals das Eingangsbild aufnehmen mit der Frage: Führt dieser Weg nun von »ganz unten« steil nach oben? Nach dem Motto moderner Märchen: vom Tellerwäscher zum Millionär, vom Aschenputtel zum Star. Unten, ganz unten ist keine Zwischenstation Gottes, sondern der Platz, an dem sein Recht bleibend Raum gewinnen soll. So bringt der Weg nicht ein paar Kleine nach oben, sondern es wird der Weg, der alle ins Recht führt. Es geht um mehr als um ein paar neue Herrschaften, es geht darum, daß sich alle Geschwister werden können.

Kontexte

»Wie sehr unsere Theologie und unsere Verkündigung unbewußt von Baal herkommen, läßt sich an der Art ersehen, wie wir von Gottes Niedrigkeit sprechen. Natürlich sagen wir, daß das Kind in der Krippe gelegen hat ..., daß er am Kreuz gestorben ist und daß Gott schon in alttestamentlicher Zeit bei dem kleinen David und nicht bei dem Riesen war. Aber bringen wir all das nicht so zur Sprache wie ein Reporter, der davon berichtet, daß der König bei seinem Besuch einer Pflegestation tatsächlich eigenhändig einen Patienten gefüttert hat ...? Der König bleibt König, seine eigentliche Aufgabe sind die Regierungsgeschäfte. Daß er sich um Behinderte kümmert, ist zwar zu begrüßen, aber es hat etwas von wohltätiger Marotte an sich. Reden wir nicht in ähnlicher Weise von Gott? ... Krippe und Kreuz

mögen für unser Heil noch so wichtig sein. Aber es sind Einzelaktionen, die zum Wesen Gottes in Spannung stehen. Sie verlieren nicht völlig den Charakter des Schrulligen. Wenn ich das Neue Testament nicht völlig falsch verstehe, ist einer seiner revolutionären Inhalte die durchgehende Behauptung: Gottes Niedrigkeit ... ist Benennung seines Wesens. Darin ist Gott am unverwechselbarsten Gott, daß er in den Tod geht. Krippe und Kreuz sind (in dem Vokabular des Königs-Vergleichs) seine eigentlichen »Regierungsgeschäfte«: ›Das ist die Höhe Gottes, daß er so herniedersteigt‹ (Karl Barth) ... Gott ist ein Gott im Unten, daher sind Krippe und Kreuz typisch göttlich.«
(Ulrich Bach, Boden unter den Füßen hat keiner, Göttingen 1980, S. 199f.).

»Kein Mensch kann sich selber helfen. Die Welt ist zwar voller Leute, die sich das einreden, aber es gelingt ihnen allen so wenig, wie Münchhausen gelang, sich an seinem eigenen Schopfe aus dem Sumpfe zu ziehen. Jeder kann immer nur den anderen, der ihm gerade zunächst im Sumpfe steckt, beim Schopfe fassen ... Und das Wunderbare dabei ist nur, daß jeder selbst im Sumpf steckt, und trotzdem kann er den Nächsten herausziehen oder vielmehr vor dem Versinken bewahren. Boden unter den Füßen hat keiner, jeder wird nur gehalten von andern »nächsten« Händen, die ihn beim Schopf packen, und so hält einer den andern ... Diese ganze mechanisch unmögliche gegenseitige Halterei ist dann freilich erst möglich dadurch, daß die große Hand von oben alle diese haltenden Menschenhände selber bei den Handgelenken hält ... Es gibt kein Stehen, nur ein Getragenwerden ...«
(Franz Rosenzweig, zit. in: Ulrich Bach, a.a.O., S. 219)

»Nehmen wir an, er ist unterwegs, er, den du / gemeint hast, Gott, wenn die Männer mit den seltsamen Namen sagten: Wunderbar Rat, Kraft, / Held, Ewig-Vater, Friedefürst, wenn sie Bethlehem Ephrata! riefen und: Fürwahr, er trug unsre / Krankheit, denn das zerstoßene Rohr, er wird's / nicht brechen, noch auslöschen den Docht; gesetzt auch, wir wären gemeint, wir, die vergeblichen / Rechner, die reichen Mülltonnenbesitzer, wir mit/ der Rückfallquote, mit dem Terror der Drogen, / mit Geiselnahmen, mit versteckten Kazetts, mit / entsicherten Minen, wir, mit den Slums von / Chicago, mit gepreßtem Geschrei aus den Folter- / Kellern, mit dem Achselzucken der UNO;
auch in Göttingen, Gott, wo der Blinde stündlich zur Tür / lauscht, ihn, der da kommen soll im Namen des / Herrn hereinzulassen, ihn, nicht die Legende, / nicht den rieselnden Schnee, nicht die flittrige / Tröstung, nein, ihn selber, Gott, deinen Sohn, / deinen Sohn, laß ihn kommen, mache ihn klein, / damit er das Kleine nicht übersieht, mache ihn / arm, ohne Obdach, setze ihn aus in der Kälte der / Welt, Gott, halte ihn nicht in deinem Himmel / zurück.
(Rudolf Otto Wiemer, Ungewaschene Gebete, Düsseldorf 1987, S. 36)

Ein paar Lesefrüchte über den Zusammenhang von Leiden und Helfen/Heilen:
»Es ist letztlich das Nicht-ertragen-können von Leiden, das uns immer wieder dazu zwingt, andere leiden zu machen.« (Horst-Eberhard Richter)
»Wer leidet, dem kann noch geholfen werden.« (Sigmund Freud)
»Ein Mensch, der nicht gelitten hat, was weiß der?« (Heinrich Seuse)

»Wenn der Helfer nicht mehr schwach sein kann, braucht er die Schwachen draußen, braucht er Abhängige, Unmündige ... Woher kommt es, daß diese klugen, anziehenden, emotional ansprechbaren und feinfühligen Menschen die meiste Zeit alleine sind und unter ihrer Einsamkeit leiden? ... Warum fliehen sie innerlich, wenn sie jemanden gefunden haben, der bereit wäre, ihnen die ersehnte Geborgenheit zu geben? ... Weil sie es sich und (projizierend) den anderen ersparen wollen, schwach zu sein. Diese Schwäche, die so ängstlich gemieden wird, umfaßt jene Bereiche der Person, die nicht zu dem beruflichen Leistungsideal passen ...« (Wolfgang Schmidbauer, Helfen als Beruf. Die Ware Nächstenliebe, Reinbek 1983, S. 205)

Gerhard Valentin 1965
Mel. + Satz: Herbert Beuerle 1967

Die Beuerle-Melodie wird in der Gemeinde, wenn das Lied fremd ist, schneller aufgenommen. Die Blarr-Fassung ist aber melodiöser.

2. Sonntag nach Epiphanias

Predigttext: Hebräer 12,12–18(19–21)22–25a
Hermann Otto Geißler

Theologisch-homiletische Skizze

Der Text ist voller Bilder und Gedanken – Stoff für viele Predigten. Früher lieferte er auch zwei Perikopen. Aber er ist schön! Das lasse ich mir auch nicht von halbresignierenden Meditationsschreibern ausreden. Nur sind uns die Bilder des Textes fremd. Schade! Aber gerade das motiviert mich.

E. Käsemann nennt die Verse 18ff. den »für Hebr. entscheidend wichtigen Abschnitt« (Das wandernde Gottesvolk, Göttingen, 4. Aufl. 1961, S. 27). In der Festversammlung auf dem Berg Zion, im himmlischen Jerusalem, wird der Verheißungsinhalt anschaulich. Der neue Bund wird dort proklamiert und gefeiert. Die konstitutive Bedeutung des Blutes Jesu verklammert die himmlische Versammlung und Proklamation mit dem historischen Datum des Kreuzestodes Jesu ebenso wie mit der sakramentalen Feier im Kult der irdischen Gemeinde. Die Beziehung zum Vollzug des Gottesdienstes ist also auf jeden Fall herzustellen.

Die Gegenüberstellung der Berge Sinai und Zion kann dazu verleiten, die beiden Offenbarungen als Gesetz und Evangelium einander entgegenzusetzen. Das ist schon deshalb nicht ratsam, weil von der Übergabe des Gesetzes am Sinai überhaupt nicht die Rede ist, sondern nur von dem Schrecken, den die Gotteserscheinung hervorruft und der dazu führt, daß das Volk um sein Leben fürchtet (Exodus 20,19). In den unserem Text folgenden Versen 25b–29 wird das Bild von Gott als dem Erschütterer und dem verzehrenden Feuer wieder aufgenommen und weitergeführt. Es handelt sich also auf keinen Fall um eine Abwertung des alten Bundes. Es ist derselbe Gott, der jeweils in Erscheinung und in Aktion tritt, nur eben am Sinai in seiner Schrecken erregenden Heiligkeit, die im himmlischen Jerusalem in den blendenden Glanz des himmlischen Festes zur Feier des neuen Bundes verwandelt ist.

Kann ich dieses apokalyptische Bild (vgl. Apk 14) als Hoffnung motivierend verwenden? Vielleicht liegt darin die Schwierigkeit, die viele diesem Text gegenüber verspüren. Mir ist diese Zurückhaltung pragmatisch zerbrochen. Ich arbeite an dieser Predigt während der großen Ausstellung »1000 Jahre russische Kunst« in unserer Stadt, bei der auch ich etwas von der Freude und der religiösen Kraft verspürt habe, die von den Ikonen ausgehen. Nur mit Schmerzen habe ich die Schilderung meiner Lieblingsikone in die »Alternativen« verwiesen. Doch geht es dabei lediglich um den Grad der Anschaulichkeit. Wichtig ist, daß die Bildhaftigkeit in ihrem Hinweischarakter erkennbar ist und nicht als »Realität« vorgestellt wird. Das Blut Jesu, das uns ruft, ist Zentrum von Bild und Aussage. Hier liegt für mich der Schwerpunkt.

Die Paränese in den Versen 12–17 kann im Rahmen einer solchen Predigt keinen großen Raum beanspruchen, obwohl ihre Bilder und Assoziationen zu breiterer

Ausdeutung reizen, wie die auf sie beschränkte Exegese zu unserem Text (Bd. 4) zeigt. Dennoch sollte sie nicht ganz unterdrückt werden, weil sie die stärkende und zielgebende Wirkung der Entscheidung für den Ruf des Blutes Jesu verdeutlichen kann. Schlimm finde ich allerdings das Klischee von der »müden Gemeinde«, das oft auch den Predigthörern übergestülpt wird. Wenn man parallele Situationen zu der des Hebr. wie etwa die Lage der BK 1938/39 bedenkt, erkennt man solche subversiven Urteile als völlig verfehlt.
Deshalb lehne ich für diese Predigt auch die Übersetzung der »Guten Nachricht« ab. Den Ton kenne ich noch aus dem »Jungvolk«. Hervorragend ist dagegen die Einheitsübersetzung. (Allerdings steht in meiner Ausgabe der Neuen Jerusalembibel von 1987 in Vers 14 ein böser Druckfehler. Es muß dort natürlich »Heiligung« heißen und nicht »Heilung«.) Außerdem werde ich bei der Textverlesung das letzte Wort (25a) in »ruft« ändern, um den Bezug zu dem »ruft« im vorhergehenden Vers zu erhalten.

Vorschläge zur Liturgie

Lieder
EKG 127/288/96,6.9.10/ O When the Saints

Introitus
Psalm 50,1–3a (obwohl sonst am Ewigkeitssonntag)

Hinführung zum Kyrie
Voreinander müssen wir darauf bedacht sein, daß wir die Achtung der anderen nicht verlieren. Vor Gott können wir offenlegen, was an Zweifeln und Ängsten in uns ist. Das wollen wir tun: Herr Gott, schweigst du wirklich zu dem, was auf der Erde geschieht? So fragen wir zweifelnd. / Wo ist deine Stimme zu hören, wenn Gewalt und Unrecht geschieht und es die Verantwortlichen für Recht erklären? / Wo ist deine Stimme zu hören, die Einhalt gebietet, wenn Vergeltung eskaliert und Unschuldige darunter leiden? / Wo ist deine Stimme zu hören, die verhindert, daß wir Menschen deine Schöpfung zerstören? / Oder liegt es an uns, daß wir deine warnende Stimme nicht erkennen und nicht wahrnehmen, wie du Gericht hältst über uns Menschen – schon jetzt? Liegt es an uns, weil wir nur nach deiner Hilfe verlangen, um die Folgen unserer Taten und Unterlassungen loszuwerden? / Herr Gott, in Wirklichkeit fürchten wir, daß du deine Stimme erhebst und unsere Welt richtest.

Hinführung zum Gloria
Die Stimme Gottes in dieser Welt ist vor allem die Stimme Jesu. Sie redet nicht laut, aber eindeutig. Sie stellt unser Leben und Erleben in ein neues Licht. Davon heißt es im Kolosserbrief: Kolosser 1,12–14.

Kollektengebet
Freude laß uns erfahren im Hören auf dein gutes Wort, lieber Vater im Himmel – Freude und Hoffnung für unseren Weg durch die schönen und öden Strecken des Lebens. Nicht allein müssen wir sie gehen. Du hast uns Mitmenschen gegeben, Schwestern und Brüder, und den Begleiter, der Traurigkeit in Freude, Leid in Segen, Enttäuschung in Hoffnung verwandeln kann – Jesus Christus. Dank sei dir dafür.

Lesung
Johannes 2,1–11

Vorschlag für die Predigt
Möglicher Anfang
»Laßt, die ihr hier eingeht, alle Hoffnung fahren!« Dieser Satz steht über dem Tor zur Hölle. So schildert es der mittelalterliche Dichter Dante Alighieri in seinem berühmten Buch »Die göttliche Komödie«. Er beschreibt darin einen Weg durch Hölle und Himmel, zu den Orten der tiefsten Qual und der höchsten Seligkeit. Eigentlich bedarf es gar nicht der vielen Bilder, die er sich ausgedacht hat. Schon dies eine genügt: Leben ohne Hoffnung – das ist die Hölle. Denn wer noch hoffen darf, hat einen Weg vor sich, der aufwärts führt, zum Besseren, vielleicht gar zum Himmel.
Alljährlich betreten wir Christen ein neues Jahr durch das Tor der Epiphaniaszeit. Auf diesem Tor steht ein anderer Satz. Er heißt: »Die ihr hier eingeht, erneuert eure Hoffnung!«
Dann erzähle ich von den Evangelien der Epiphaniaszeit: Taufe, Verklärung, Seesturm, Hochzeit zu Kana. Alle zeigen die unsichtbare Seite Jesu und setzen ihn ins rechte Licht – damit wir Hoffnung erneuern. So auch der Predigttext.
Beim ersten Hinsehen erscheint er uns zwar fremd und lebensfern. Aber bei näherer Betrachtung können wir entdecken, wie sehr er auch von unserem Leben und Glauben spricht. Es lohnt sich, ihn genau zu betrachten.
Eine Fülle von Bildern ist beim Hören vorhin an uns vorübergezogen: Menschen, die mit schwachen Knien über einen holprigen Weg schleichen, hin- und hergerissen, ob sie nicht aufgeben sollen; ein Mann, der mit Tränen nach der leichtsinnig verspielten großen Chance seines Lebens vergeblich sucht; Menschen erfüllt von Angst und Schrecken vor einem Berg in heulendem Sturm und schwärzester Nacht, und dann auf einem anderen Berg eine strahlende Festversammlung, die Freude und Glück, Hoffnung und Seligkeit ausstrahlt.
Am wichtigsten ist mir das große Bild am Schluß: das himmlische Jerusalem und die festliche Versammlung von Engeln mit den vollendeten

Gerechten, die sich um Jesus versammeln. Das sieht aus wie ein mittelalterliches Gemälde oder wie eine Ikone. Vielleicht hat diese Bibelstelle sogar die alten Maler inspiriert zu ihren prächtigen Bildern – voller Farben und Schönheit.

Zum weiteren Verlauf
Der für uns heute steifen Feierlichkeit, die nur noch in Filmen oder bei Prinzenhochzeiten in England vorkommt, sind nun moderne Feste entgegenzusetzen: Kirchentage, Olympiade, Fußball-WM. Junge spüren den Wunsch dabeizusein, Ältere bleiben lieber im Fernsehsessel. Dort allerdings verliert man auch das Gefühl, das Fest mitzutragen und von der Gemeinschaft mitgetragen zu werden.
Die Festversammlung auf dem Zion möchte dies bewirken, obwohl wir auch da nur Zuschauer sind. Entscheidend ist, ob wir dem Ruf von dorther folgen. Es ist der Ruf von vergossenem Blut.
Rückgriff auf Gen 4 mit Zitat von Vers 10b. Auch heute vergossenes Blut schreit nach Vergeltung, Bestrafung, Wiedergutmachung. Wir sind verflochten – mit unserem Geld in Südafrika etwa, mit unserer Angst in Ketten von Vergeltung und Wiedervergeltung (z.Z. schwelt der Konflikt zwischen USA und Libyen, aber es gibt immer wieder neue Beispiele). Das Blut von Unschuldigen schreit zum Himmel. Würde Gott es nur hören und dem Morden ein Ende machen!
»Doch«, so lesen wir, »ihr seid nicht gekommen zu dem Berg mit Blitz und Donner, mit Sturm und Finsternis, mit Posaunenschall und Donnerstimme.« Heißt das nicht: Unser Platz ist nicht da, wo es um Rache und Vergeltung und Bestrafung geht? Nein – »ihr seid gekommen zu dem Berg Zion, wo ein neuer Bund zwischen Gott und den Menschen besiegelt und proklamiert wird durch das Blut Jesu, das mächtiger ruft als das Blut des Abel.«
Wozu ruft es so mächtig? Zur Versöhnung ruft es, zur Vergebung, zur Liebe zwischen den Menschen, zur Überwindung der Angst, damit Vertrauen wachsen kann. So verstehen wir die Botschaft aus dem Blut Jesu. Sie schreit nicht zum Himmel, sie kommt vom Himmel herab auf die Erde, damit wir sie hören.
»Gebt acht, daß ihr den nicht ablehnt, der da ruft!« So schließt unser Text. Doch zuvor hat er schon gesagt, worauf es für uns ankommt, wenn wir diesen Ruf des Blutes Jesu annehmen und uns aufmachen hin zu dem Berg Zion, dem himmlischen Jerusalem.
Eine Art Checkliste wird uns zur Überprüfung an die Hand gegeben – nicht für Einzelkämpfer, sondern für Mitglieder einer Gruppe (Expeditionsteam, Fußballmannschaft).

1. Körperliche und seelische Bedingungen prüfen, Spannkraft und Kraft, auch bei Mannschaftsgefährten. Brauchen sie Unterstützung, können sie mir welche geben?
2. Sei kein Rechthaber oder Besserwisser! Zusammenhalt ist wichtig. Hört auf jeden! Vielleicht hat er recht und nicht ihr anderen!
3. Überprüfe deine Motivation! Willst du diesen Weg gehen zu Gott, zur Erfüllung aller Sehnsucht und Hoffnung?
4. Nimm dann das Training auf dich, die Disziplin, auch den Verzicht! Laß dich nicht von den Sportlern beschämen, wo es hier doch um viel mehr geht als um Geld und Ehre!

Schluß

Genug von den Anweisungen an uns als Gruppe und als einzelne, die wir auf dem gemeinsamen Weg sind! Jetzt kommt es auf das Erlebnis selber an. Vielleicht erfahren wir schon unterwegs etwas von dem Glück und dem Frieden, der in dem Bild von der himmlischen Festversammlung ausgedrückt ist. Jedenfalls erleben wir schon jetzt etwas ganz wirklich und nah. Jetzt, hier in unserem Gottesdienst redet Gott selber zu uns. Jetzt sollen wir ihn nicht abweisen mit seinem Ruf. Jetzt können wir ihm die kalte Schulter zeigen oder für ihn unser Herz öffnen und seine Einladung zur himmlischen Versammlung annehmen. »Gebt acht, daß ihr ihn nicht ablehnt!«

Alternatives

Beschreibung einer Ikone: Die Ikone stellt die sog. »Gewandniederlegung des Herrn« dar. Im Jahr 1625 war dem Zar Michail Romanow die Reliquie, die das Gewand Christi sein sollte, von dem persischen Gesandten überbracht worden. In einer feierlichen Zeremonie wurde sie in der Uspenski-Kathedrale des Moskauer Kreml niedergelegt. Diese Handlung ist auf der Ikone in höchst kunstvoller Weise festgehalten. Im Vordergrund Zar und Patriarch rechts und links von dem Altar, auf dem sie das Gewand niederlegen. An den Seiten hinter ihnen stehen die weltlichen und geistlichen Würdenträger in kostbaren Gewändern, die ganze Pracht der östlichen Welt verkörpernd. Das Mittelfeld der Ikone ist in einem zweiten Rang angefüllt mit einer schier unzählbaren Schar von Menschen, Männern und Frauen, teilweise nur noch mit ihren braunen Haarschöpfen oder weißen Kopftüchern sichtbar. Bei der vordersten Reihe fällt auf, daß alle nach oben blicken, wo der Tod Mariens und die Aufnahme ihrer Seele im Himmel durch Christus zu sehen ist. Es handelt sich also bei dieser Gruppe offenbar um eine himmlische Festversammlung. Das ganze Bild ist eingefaßt von der Uspenski-Kathedrale mit ihrem überreichen Schmuck und ihren fünf goldenen Kuppeln, die nichts anderes als das himmlische Jerusalem symbolisieren. Die Ikone wurde zwei Jahre nach dem Ereignis selbst gemalt in der sog. Stroganoffschule, einer der höchsten Blüten russischer Kunst.
Diese Ikonenbeschreibung in einer Predigt würde im Gegensatz zu der bildlosen Kirche stehen, in der ich predige, und dadurch die Frage nach der Begründung

unserer Bilderarmut provozieren. Die Antwort liegt für mich in der Besorgnis unserer Väter, die Menschen könnten meinen, in Bildern und Objekten Gott begegnen zu können statt in den Subjekten der Mitmenschen. Unter diesem warnenden Vorbehalt können wir auch Ikonen genießen und die Traditionen unserer Schwesterkirchen bejahen, nicht nur tolerieren. Der Hebräertext mit seiner Ausrichtung auf die Botschaft des Blutes Jesu kann dabei helfen.

Kontexte

1. Dante Alighieri, Die göttliche Komödie, übersetzt von W.G. Hertz, Fischer Bücherei Nr. 100, Ffm 1955, 3. Buch, 33. Gesang 105–145:
Den Grund des tiefen ungetrübten Seins / Des hehren Lichts sah ich drei Kreise hegen, / An Farbe dreifach und an Umfang eins: // Der eine spiegelte, gleich Irisbögen, / Den andern Kreis; es schien der dritte Ring / Ein Feuer, das aus beiden schlägt entgegen. // Was ist das Wort ein klein armselig Ding / Vor dem Gedanken! und vergleichst ihn du / Der Schau, sagt man zu wenig durch: gering! // O ewiges Licht, das du in dir nur Ruh, / Nur dich verstehst und nur von dir verstanden, / Dich liebst verstehend und dir lächelst zu! // Vom Kreis, der so mir schien in dir entstanden, / Gleichwie erscheint ein reflektiertes Licht, / Und den da meine Augen kurz umwanden, // Erschien mir da, von Färbung anders nicht, / Des Menschen Ebenbildnis ganz umründet, / Daß von ihm hingerissen mein Gesicht. // Gleichwie der Geometer sich entzündet, / Sucht er den Kreis zu messen, und den Satz, / Den er bedarf, wie er auch denkt, nicht findet, // so ging es mir bei diesem neuen Schatz: / Ich wollte sehn, wie überein zu bringen / Das Bildnis mit dem Kreis, und wo sein Platz. // Doch genügten dazu nicht die eigenen Schwingen: / Wenn nicht getroffen hätte meinen Geist / Ein Blitz, darin sein Wille fand Gelingen. // Die Kraft der hohen Phantasie hier spleißt! / Doch folgte schon mein Wunsch und Wille gerne, / So wie ein Rad, das ebenmäßig kreist, // Der Liebe, die bewegt die Sonn und Sterne!

2. J. Pick, Dom und Domschatz in Limburg a.d. Lahn, Königstein/Taunus; S. 10:
Das Gesamtbild des Domes erscheint am wirkungsvollsten vom nördlichen Lahnufer oder von der alten Lahnbrücke aus. Dieser Anblick macht die ikonologische Interpretation des mittelalterlichen Kirchbaus als Sinnbild der himmlischen Gottesstadt plausibel. Das Bild von »Jerusalem, der hochgebauten Stadt« und dem Neuen Jerusalem der Geheimen Offenbarung, der Wohnstatt der Erwählten, drängt sich auf.

3. Eberhard Bethge, Dietrich Bonhoeffer, München 1970 S. 684:
In dieser verzweifelten Lage der Bekennenden Kirche ereignete sich der 9. November (1938) mit all den Terroraktionen gegen die jüdische Bevölkerung. Er fand eine aus dem Tritt geratene und auf den Mund geschlagene Schar von Christen vor.
Kurt Scharf, Widerstehen und Versöhnen, Stuttgart 1987 S. 112f.:
Es ist unzutreffend, ja, ich sage: Entstellung, wenn behauptet wird, seit dem Schock der »Gebetsliturgie« im September 1938 sei die Bekennende Kirche gelähmt gewesen. Das beweise ihr Schweigen am 9. November 1938 zur »Reichspogromnacht«. Sie hat dazu nicht geschwiegen, und die Bekennende Kirche der Bruderräte hat sich auch von der Gebetsliturgie nicht distanziert.

S. 45f.: Heute, im Rückblick, muß ich sagen, daß es die Schuld der Bekennenden Kirche, ihr entscheidendes Versagen war, daß wir im Jahre 1939 nicht gewagt haben, zur Kriegsdienstverweigerung aufzurufen. ... Hätten wir zur Kriegsdienstverweigerung aufgerufen, hätten wir damit – wenn nicht den gesamten Nachwuchs, so doch – einen großen Teil der jungen Theologen an die Kriegsgerichte ausgeliefert. ... Den Mut zu einer Entscheidung mit so weitreichenden Folgen für so viele junge Menschen haben wir nicht besessen. Ich meine, daß dies das entscheidende Versagen der Bekennenden Kirche war.

4. Der Sportbrockhaus, Wiesbaden 4. Aufl. 1984 Sp. 551f.:
Training, die zielorientierte, methodische und komplexe Einwirkung auf eine Verbesserung sportl. Leistungsfähigkeit aufgrund erweiterter körperlicher und geistiger Fähigkeiten, die sich im Wettkampf erweisen sollen. T. zielt auf ein Leistungsoptimum ab, wobei die individuellen Kräfte erweitert, die Koordination und Belastungsfähigkeit erhöht, die techn. und takt. Kenntnisse verbessert und die physische und psych. Ermüdungsgefahr verringert werden. ... T. setzt neben Talent innere Bereitschaft und Freiwilligkeit, die Einsicht in die jeweiligen Anforderungen, Methoden und Ziele, konsequente Verwirklichung der T.-Inhalte und ein dem T.-Ziel entsprechendes Gesamtverhalten sowie eine es fördernde Umwelt voraus.

Sportwissenschaftliches Lexikon (Red. P. Röthig), Schorndorf 5. Aufl. 1983 S. 238f.:
Mannschaft: Zahlreiche Untersuchungen haben sich mit der Effektivität von M. befaßt, wobei der Einfluß von inneren Rivalitäten und Konflikten auf die Mannschaftsleistung besondere Beachtung gefunden hat. ... Wenn der Mannschaftserfolg aufgrund eines hohen Grades an Aufgabenteilung zwischen den Mannschaftsmitgliedern und einer hohen Notwendigkeit zur Koordination verschiedener, aufeinander bezogener, gegenseitig abhängiger Handlungen bestimmt wird, wie etwa bei den Spielsportarten, dann scheinen interne Rivalitäten und Konflikte eher leistungsmindernd zu sein. Dagegen wirken sich bei Mannschaftsleistungen, die sich aus der bloßen Addition von Einzelleistungen ergeben, Rivalitäten eher leistungsfördernd aus. Andererseits hat sich gezeigt, daß Erfolg und Wettbewerbssituation zu einer stärkeren Anpassung der Mannschaftsmitglieder an die M. führen.

3. Sonntag nach Epiphanias

Predigttext: Apostelgeschichte 10,31–35
Wolfram Braselmann und Rainer Bungenstock

Theologisch-homiletische Skizze

»Das Aufregende an dieser Geschichte ist gerade dies, daß ein Apostel, der zum Felsen der Kirche berufen war, im Verlauf seiner Evangelisation etwas über das Evangelium lernte, das er vorher nicht nur nicht gewußt hatte, sondern das im Widerspruch zu seinem vorherigen Evangeliumsverständnis stand.« (Walter Hollenweger, Erfahrungen der Leibhaftigkeit, München 1977, 129f.).

Nicht der Hauptmann Kornelius wird in dieser Geschichte bekehrt, sondern Petrus. Sein Christus- bzw. Gottesbild wird verändert und erweitert, erfährt eine Korrektur. Er geht zu einem Menschen anderen Glaubens und gewinnt in der Begegnung mit ihm Einsichten, die im Widerspruch zu dem stehen, was er bis dahin als unaufgebbares Fundament des Evangeliums betrachtet hatte.

Er lernt: »Gott sieht die Person nicht an, sondern in jedem Volk, wer ihn fürchtet und recht tut, der ist ihm angenehm.«

Er, der Repräsentant der Jerusalemer Orthodoxie, macht neue, überraschende Erfahrungen mit dem lebendigen Gott, indem er durch Kult und Tradition, Bekenntnis und Ethos geprägte Einstellungen überwindet und sich in eine spannungsreiche Begegnung mit Fremdem einläßt, aus der er nun verändert hervorgeht, die ihn aber nichtsdestoweniger die Größe und Herrlichkeit Gottes neu erfahren läßt.

So gesehen, macht die Einordnung der Perikope in den Epiphanias-Festkreis einen guten Sinn: Gottes Herrlichkeit in der Welt erscheint auch im grenzüberschreitenden ›Lauf des Evangeliums unter den Völkern‹, eine Erfahrung, die der Verfasser der Apostelgeschichte, ein Christ der dritten Generation, hier erzählend mitteilt und reflektiert.

Er mußte sich ja mit der Frage auseinandersetzen: Wer gehört dazu? Können die Vertreter der heidnischen Militär- und Wirtschaftsmacht, römische Soldaten, Beamte und Kaufleute, ohne weiteres in die Gemeinde aufgenommen werden? Kann das ganz andere Christentum der Heidenchristen als vollwertig akzeptiert werden? Kann einer Christ werden ohne Beschneidung und Tempeldienst, mit einer anderen Christologie und Gotteslehre?

Seine Antwort: Ja, er kann. Mehr noch: In der Öffnung und der Weite, die diese Öffnung bringt, erweist sich Gottes Wille, und Er wird als gegenwärtig Handelnder erlebt.

So wächst dann allerdings nicht nur Kirche, sondern so wächst und erweitert sich auch das Verständnis des Evangeliums selbst. In der Begegnung und Auseinandersetzung, in diesem Dialog von Menschen unterschiedlicher Herkunft, in der Spannung entgegengesetzter kultureller Prägungen, erweist sich Gottes Sein als eines, das im Werden ist. Eine Debatte über den rechten Glauben in der Kirche als dem

Leih Christi ist somit nie eine Debatte *über* die Wahrheit, vielmehr eine *auf* die Wahrheit *hin.*
Unter dieser Voraussetzung gilt es zu predigen, gilt es den Dialog aufzunehmen, sich auf Begegnungen einzulassen mit Menschen und Kulturen. Das strengt an und gelingt oft nur um den Preis der Aufgabe eigener Positionen (!), jedoch unter der Verheißung der Gegenwart Gottes in, mit und unter diesen Begegnungen.
In unserer Predigt lassen wir es zu einer Begegnung zweier Vertreter gegenwärtiger »Kulturen« unserer Gesellschaft kommen: Ein Bundeswehrmajor und ein christlicher Kriegsdienstverweigerer begegnen einander und kommen ins Gespräch miteinander über das Wort Jesu. Es lassen sich, je nach Gemeindesituation, auch andere »Begegnungssituationen« denken: eine an Frauenfragen interessierte Feministin mit ihren spirituellen Suchbewegungen und ein traditioneller Kirchenvorsteher; der Banker aus dem Management der Commerzbank und der Aussteiger in einer christlichen Kommunität auf dem Weg zu einem neuen Lebensstil ...
Es kommt vor allem darauf an, daß die Protagonisten der jeweiligen Geschichte der Gemeinde auf Anhieb vorstellbar sind.
Uns erscheint angezeigt, als Textgrundlage für die Predigt das ganze zehnte Kapitel der Apostelgeschichte zu nehmen. Es ist denkbar, anstelle der Epistel (Römer 1) einen Teil von Acta 10 zu lesen (10,1–20). Als Predigttext würde dann Acta 10, 21–48 folgen.

Zur Liturgie

Kollektengebet

Dich, Herr, wollen wir preisen und deine Gegenwart in unserer Mitte. Du bist uns voraus, unserem Denken, unserem Fühlen, unserem Tun. Und nun begegnen wir dir voller Staunen und Bewunderung. Verzeih, daß wir dir mißtrauen. Verzeih auch, daß wir dir so wenig zutrauen. Fülle uns jetzt mit neuer Kraft. Erscheine uns im Bilde deines Sohnes Jesus, daß wir mit ihm und in ihm dein Volk sind in deiner Welt. Das bitten wir in seinem Namen, der mit dir und dem heiligen Geist lebt und regiert von Ewigkeit zu Ewigkeit. Amen.

Fürbittengebet (nach K. Adloff, Erhebungen, Göttingen 1978, 102)

O Herr, hilf, o Herr, laß wohlgelingen. / Hilf uns mit deinem Geist, daß wir leben, furchtlos und offen leben, tief und dankbar aufatmen, weil du uns voraus bist, größer und freier als unser verzagtes Herz. Wir bitten dich für deine Kirche, all die Konfessionen, Römer und Wittenberger, Gruppen und Grüppchen, viel zu sehr mit sich selbst beschäftigt, um tauglich zu sein für deinen Plan. Wir bitten dich für die Mächtigen, die Politiker und Wirtschaftsleute, daß du ihre Hände brauchst zum Frieden. Wir bitten dich für die Menschen um uns, die Kranken und Einsamen, die Sterbenden und die Trauernden, die ungetröstet bleiben. Wir bitten dich für uns, die wir deinen Geist nicht wehen lassen, wo er will, sondern nur, wo wir wollen.

Du bist unser Gott, und wir danken dir, unser Gott, wir wollen dich preisen, hier an deinem Tisch, an dem nichts fehlt, und dort in der Welt, wo so vieles noch fehlt. Wir bitten mit all deinen Geschöpfen: Komm, heiliger Geist! Amen.

Lieder

Kanon aus W. Hollenweger / H.-J. Hufeisen, Wagnis des Glaubens, München 1986, S. 23

Kanon für 4 Stimmen

Musik und Text: Hans-Jürgen Hufeisen

»Evangelisches Gesangbuch« – Vorentwurf 1988, Nr. 261 – »Evangelisches Gesangbuch» – Vorentwurf 1988, Nr. 262 – EKG 218 – EKG 189 (Wochenlied).

Predigtentwurf

Liebe Gemeinde! Ich möchte euch an diesem Morgen diese alte Geschichte von der Begegnung zweier Menschen, die eigentlich gar nichts miteinander zu tun haben, erzählen, als ob diese Geschichte in diesen Tagen passierte. Die alte Geschichte, wie ich sie euch vorgelesen habe, das ist die Geschichte von diesen beiden Männern, dem einflußreichen, machtbewußten römischen Offizier Kornelius und dem einfachen Fischer

Petrus, wie sie miteinander ins Gespräch kommen über der Botschaft von Jesus, wie sie, jeder für sich, Erfahrungen machen mit dem Glauben und jeder für sich einen neuen Schritt mit dem auferstandenen Herrn Jesus machen. Die alte Geschichte, das ist auch die Geschichte davon, wie Gott selbst am Werk ist und diese beiden zusammenbringt.
Stellt euch vor: Da ist ein Major der Bundeswehr, er wohnt irgendwo in einem unserer Nachbarorte, dort hat er gebaut. Zur Kirche am Ort hat er kein besonderes Verhältnis. Heiligabend war er im Gottesdienst, aber er hat sich wieder gesagt: Dort werden eigentlich nicht die Fragen besprochen, die mich bewegen. Was mich bewegt: Letzte Woche mußte ich Beurteilungen schreiben für meine Untergebenen. Ich weiß, wieviel für die von dem abhängt, was ich schreibe. Wie kann ich das: Gerecht urteilen und denen dabei auch helfen? Ich will denen ja auch keins reinwürgen. Aber ich möchte auch das schreiben, was ist. Das ist oft gar nicht so einfach. Mein Problem ist nun einmal nicht an jedem Tag, was ich am Heiligabend höre: Der Frieden auf der Welt. Mein Problem sind die kleinen Dinge und wie ich mich da richtig verhalte.
Ich weiß wohl, daß das was für sich hat, was die Kirche sagt. Die zehn Gebote, auch die Bergpredigt. Ich will ja auch für die andern was tun. Aber wo in der Kirche werde ich denn mit meinen Sachen ernst genommen, wo kommen die dran?
An Gott glauben, auf Gott vertrauen, das muß gut sein. Dann weiß man, wofür man lebt. Aber ich weiß so wenig davon.
In der Christmette saß in der Reihe vor ihm dieser junge Mann, Mitte Zwanzig. Er war ihm aufgefallen, mit seinen Jeans und dem Bart. Beim Verlassen der Kirche hatte er gesehen, daß er diese Anstecknadel mit der Aufschrift »Jesus lebt!« am Pullover trug. Der Pfarrer schien ihn zu kennen; denn am Ausgang sprachen die beiden miteinander, und so fragte er den Pfarrer, wer das sei, und erfuhr seinen Namen. Er stellte dabei fest, daß dieser Peter in seiner Nachbarschaft wohnte. Die Tage nach Weihnachten sah er immer wieder dieses Schild »Jesus lebt!« vor sich und diesen Peter. Der scheint zu wissen, was das ist mit dem Glauben. Der steht sogar dazu. Immer wieder fiel er ihm ein.
Es ist, als ob ich mit dem mal sprechen müßte, so sagte er sich. Und nach ein paar Tagen gab er sich einen Ruck, ging zum Telefon und rief bei Peters Eltern an. Peter war nicht zu Hause, so bat er Peters Vater darum, Peter möge doch einmal zu ihm kommen.
Peter kam abends nach Hause. Er war bei einer Versammlung »Christen für den Frieden« gewesen. Sein Vater berichtete ihm von dem Anruf. »Du, da hat ein Major angerufen. Seinen Namen habe ich vergessen, aber er hat mir seine Telefonnummer gesagt. Er möchte gern mit dir sprechen.« – Peter lachte nur. »Was soll ich bei einem Offizier? Wahrscheinlich weiß

der doch, daß ich Kriegsdienstverweigerer bin. Ich kenne überhaupt keine Soldaten und, um ehrlich zu sein: Ich will auch keine kennenlernen.«
Und es fiel ihm all das ein, was er immer wieder mit seinen Freunden diskutiert hatte, was alles von der Bibel her und vom Glauben her gegen Soldatsein und gegen den Dienst mit der Waffe sprach. Gerade eben noch war sehr deutlich geworden, hatte er es nicht selber gesagt, daß Glaubensentschiedenheit heute auch heißen muß, in allen Lebensbereichen konsequent für den Frieden einzutreten. Und jetzt dies: Ein Offizier ruft ihn an, will mit ihm sprechen. Vergiß es!
Und so lag der Zettel mit der Anschrift tagelang auf seinem Schreibtisch. Und doch ertappte er sich immer wieder dabei, daß er darüber nachdachte, was das wohl sein möge und was der von ihm wolle, dieser Major. Und manchmal war ihm, als ob ihm eine Stimme sagte: Du mußt dahin, du mußt mit ihm reden, was er von dir will. Und er sagte sich: Wenn das stimmt, das mit dem Frieden Gottes, dann muß das doch auch was mit mir und diesem Major zu tun haben. Ich weiß nicht genau, was, aber ich kann doch diese Stimme nicht einfach überhören.
Und weil er den Zettel nicht wegwerfen mochte und weil ihm diese Sache einfach keine Ruhe ließ, rief er zuletzt doch den Major an, sagte ihm auch gleich: »Ich bin Kriegsdienstverweigerer, das wissen Sie ja sicher.« »Nein«, sagte der, »aber das tut nichts zur Sache. Kommen Sie bitte. Heute nachmittag, wenn es geht.«
Und als er ihm dann in seinem Wohnzimmer mit dem Teppichboden und den schweren Eichenmöbeln mit dem großen Fenster mit Blick auf die verschneite Terrasse gegenübersaß und als er ihn fragte: »Worum geht es denn eigentlich?«, da antwortete der: »Es geht um diese Anstecknadel, um dies ›Jesus lebt!‹. Es geht darum, was das für Sie und für mich bedeutet.« Peter nahm die Zigarette, die der Major ihm angeboten hatte, lachte ein wenig verlegen, sagte dann: »Sie wissen ja, daß das für mich etwas Außergewöhnliches ist, daß ich hier, im Haus eines Offiziers bin. Ich habe gelernt, und auch immer geglaubt, daß es Sache eines Christen ist, entschieden, deutlich und ohne Wenn und Aber gegen Militär, gegen Rüstung und gegen Soldatentum zu sein. Und deshalb gehöre ich, wie ich bisher gedacht habe, eigentlich nicht hierher. Ich weiß auch noch nicht, wie ich das meinen Freunden erklären soll, daß ich jetzt hier bin. Das ist das eine. Aber, weil ich nun einmal hier bin, will ich Ihnen auch das andere sagen: Als ich hörte, daß Sie mit mir sprechen wollten, da war wie eine Stimme in mir, die mir sagte: Du mußt dahin. Und jetzt, da wir beide hier sitzen, jetzt denke ich: Es ist richtig, daß ich hier bin.«
»Merkwürdig«, sagte der Major, »mir ist es ähnlich gegangen. Mit so einem, wie Sie es sind, habe ich sonst auch nichts zu tun. Und ich weiß auch nicht, wie ich das alles meinen Leuten erklären soll. Aber seit ich Sie

Heiligabend in der Kirche gesehen habe, Sie mit diesem Anstecker ›Jesus lebt!‹, seitdem hat mir das keine Ruhe mehr gelassen. Auch bei mir war das so, als ob mir eine Stimme sagte: Du mußt mit ihm reden! Also, was ist das mit Jesus, der lebt? Was hat das zu bedeuten für Sie und für mich?«

Peter sagte ganz spontan: »Für Sie und für mich, jetzt und hier, hat es zu bedeuten, daß Gott keine Grenzen zieht. Daß der Geist Jesu nicht nur bei uns Jungen, Friedensbewegten ist, sondern auch bei Ihnen, das muß wohl stimmen: denn sonst wäre ich jetzt nicht hier. Es hat zu bedeuten, ich will es mal so sagen, daß der Geist Jesu lebendig ist in Ihrem Wohnzimmer hier, und in meiner Bude in Münster, so verschieden beide Räume aussehen. Ja, ich glaube, daß der Geist Jesu lebendig ist bei mir und meinen Freunden bei der Demonstration, und – sehen Sie, das ist mir jetzt so neu, das habe ich jetzt gelernt und traue mich kaum, es auszusprechen: auch bei Ihnen, im Offizierskorps, in der Kaserne, da ist er wohl auch lebendig. Jesus lebt, weil er unsere Grenzen und unsere Abgrenzungen nicht mitmacht. Und daß wir das lernen, dazu hat er uns beide, so will ich es mal sagen, zusammengebracht.«

Und weil der Major noch immer nichts sagte, redete Peter weiter und sagte noch: »Jesus ist der Herr über unser Leben, Ihres und meines, das meint: Jesus lebt! Er hat mit Ihnen und mit mir Frieden gemacht, das haben wir ja gemeinsam am Heiligen Abend gehört, und das erzählen ja auch die Geschichten von Karfreitag und von Ostern, daß Jesus der Herr über alle Welt ist.

Und wenn Sie mich fragen, was ›Jesus lebt!‹ für Sie und für mich bedeutet, dann sage ich: Jesus lebt als Herr über Ihr und über mein Leben. Das können wir einander nicht absprechen. Und aus seinem Leben können wir unser Leben führen, in Verantwortung, im Wissen, daß wir uns vor ihm verantworten müssen. Sie in Ihrem Leben als Offizier – da könnte ich Sie manches fragen. Ich in meinem Leben als Student und Kriegsdienstgegner – da könnten Sie mich vielleicht manches fragen. Aber zuerst geht es darum, daß er in Ihrem und meinem Leben der Herr ist, in unsern Worten und Taten.

Wenn Sie es genau wissen wollen: Hier und jetzt, da wir beide, ich glaube, in seinem Namen, zusammen sind, da lebt er, hier in diesem Raum.«

»Ja«, sagte der Major, »das glaube ich bald auch. Und ich denke, ich fange an zu verstehen, was das heißt: Jesus lebt. Gut, daß Sie da sind.«

Was die beiden dann noch weiter geredet haben, liebe Gemeinde, das ist vielleicht gar nicht so wichtig. Wichtig ist aber: daß der Geist Jesu, der lebt, unter ihnen und unter uns lebendig ist. Und weil er lebendig ist, überschreitet er Grenzen, bringt verschiedene Menschen zusammen, auch dich und mich und uns alle, hier und heute, so, wie damals auch den Kornelius und den Petrus.

Kontexte

G. Linnenbrink, Herausforderungen für die Volkskirche. Theologische Überlegungen zur Situation der Kirche (in: dia-daten, informationen, argumente, Hg. Presse- und Informationsstelle Ev. luth. Landeskirche Hannover, 4/1988):
Wie kann ... die biblische Wahrheit vermittelt werden?
Es geht darum, missionarische Kompetenz zu entwickeln. Damit ist nicht missionarischer Eifer gemeint. Vielmehr ist sie eine »ausdifferenzierte, hochentwickelte Fähigkeit zur Vermittlung der christlichen Botschaft in einer komplexen nachchristlichen Umgebung« (Rüdiger Schloz). Person und Werk Jesu Christi argumentativ, dialogisch und in exemplarischen Handlungen lebendig werden zu lassen, macht missionarische Kompetenz aus.
»Argumentativ« heißt, ehrlich den Streit um die Wahrheit zu führen, und zwar in Aufnahme und Verarbeitung der kritischen Fragen, die an die biblische und christliche Wahrheit gestellt werden.
»Dialogisch« heißt, daß das jeweilige Gegenüber nicht aus der Position des im Besitze der Wahrheit Befindlichen angesprochen wird, sondern in der Hör- und Lernbereitschaft dessen, der weiß,,daß Christus immer größer und universaler ist als mein Verständnis von ihm. Gewiß ist die biblische Wahrheit in der Kirche zu finden, doch sie überschreitet die Grenzen der je vorfindlichen Kirche. Christus ist größer als die Kirche. Zum dialogischen Umgang gehört jedoch auch die Bereitschaft, sich wirklich der Aussage und Anfrage des Gegenübers auszusetzen bis hin zur Anfechtung. Zeugenschaft wird so als jeweils aus der Kraft des Heiligen Geistes geschenkte praktiziert.
»Exemplarisches Handeln« meint nichts anderes, als christliches Leben erfahrbar werden zu lassen in der Dialektik von Weltdistanz und Weltzugewandheit um Christi willen. Oder mit den Worten des Apostels Paulus: »Stellet euch nicht dieser Welt gleich, sondern verändert euch durch die Erneuerung eures Sinnes, auf daß ihr prüfen möget, was Gottes Wille ist, nämlich das Gute und Wohlgefällige und Vollkommene« (Röm 12,2).

Mel.: Nun danket all und bringet Ehr — Genf 1562; Johann Crüger 1653

2. der Frieden uns und Freude gibt, / den Geist der Heiligkeit, /
der uns als seine Kirche liebt, / ihr Einigkeit verleiht.

3. Er lasse uns wie Brüder sein, / der Eintracht uns erfreun, /
als seiner Liebe Widerschein / die Christenheit erneun.

4. Du guter Hirt, Herr Jesus Christ, / steh deiner Kirche bei, /
daß über allem, was da ist, / ein Herr, ein Glaube sei.

5. Herr, mache uns im Glauben treu / und in der Wahrheit frei, /
daß unsre Liebe immer neu / der Einheit Zeugnis sei.

Georg Thurmair 1964

Otmar Schulz 1967

2. Laß den Christen uns begegnen, / die in andern Kirchen stehn /
und sich dort – wie wir es hier tun – / mühen, deinen Weg zu gehn,

3. die mit andern Stimmen loben / deinen Namen, Jesus Christ, /
der für sie – wie auch für uns, Herr – / Name ohnegleichen ist.

4. Laß uns zueinander stehen, / ganz so, wie es dir gefällt, /
laß dein Reich in Wahrheit kommen, / Herr, in unsre müde Welt.

5. Dein Volk ist nicht unsre Kirche, / unsre Konfession allein, /
denn dein Volk, Herr, ist viel größer. / Brich mit deinem Reich herein!

Otmar Schulz 1967/1971

4. Sonntag nach Epiphanias

Predigttext: 1. Mose 8,1–12
Henning Theurich

Theologisch-homiletische Skizze

Die auf den ersten Blick »recht willkürliche Abgrenzung« des Predigttextes (so die Exegese, Bd. 4) verlangt nach einer Begründung. Zusammen mit dem Evangelium Mk 4,35–41 (Sturmstillung) und der Epistel 2. Kor 1,8–11 (Errettung aus Todesnot) für den 4. Sonntag nach Epiphanias bildet die Erzählung vom Ende der Flutkatastrophe ein weiteres Beispiel für die Rettung aus Todesgefahr in der Spannung von Angst und Vertrauen, Furcht und Hoffnung, Zweifel und Warten. Das alle Hoffnung zulassende offene Ende des Textabschnitts: »die kam nicht wieder zu ihm« erlaubt die Frage nach dem Verbleib der Taube im Rahmen biblischer Theologie. Als Symbol für Gottes Geist erscheint sie in der Erzählung von der Taufe Jesu (Mt 3,13–17 als Evangelium für den 1. Sonntag nach Epiphanias!), als hätte sie erst hier eine Bleibe gefunden, wo Wasser und Geist sich zum Zeichen der Rettung verbinden, wo der Wind (Vers 1 ruach = Geist; vgl. 1. Mose 1,2) nicht länger das Wasser bändigen muß. Wie sehr der Gedanke an eine radikale Ausrottung des Bösen sich immer wieder als eine Versuchung nahelegt, das zeigt auch das Evangelium des (seltenen) 5. Sonntag nach Epiphanias: Im Gleichnis vom Unkraut unter dem Weizen (Mt 13,24–30) lehnt Jesus diesen Gedanken ausdrücklich ab; denn Gott »läßt seine Sonne aufgehen über Böse und Gute und läßt regnen über Gerechte und Ungerechte« (Mt 4,45). Inhaltlich stimmt dies überein mit dem göttlichen Versprechen am Ende der Katastrophe: »Solange die Erde steht, soll nicht aufhören Saat und Ernte, Frost und Hitze, Sommer und Winter, Tag und Nacht« (8,22).
Das Böse wird durch die Sintflut nicht bewältigt, aber Gott schließt eine Wiederholung dieser Gewalt aus. Diese Schlüsse können gezogen werden, weil Vernichtung und künftige Verschonung gleichlautend begründet werden (6,5; 8,21: »das Dichten und Trachten des menschlichen Herzens ist böse von Jugend auf«). Insofern war die Sintflut durchaus ein Fehlschlag, weil es Gott letztlich doch um die Rettung des ihm gefälligen Lebens geht (6,8; 8,21). Die Möglichkeit einer dagegen ›perfekten‹ atomaren und ökologischen Katastrophe schwebt heute als Damoklesschwert über der Menschheit. Umso wichtiger ist daher heute die Überzeugung, daß Gott für sich diese Möglichkeit ausgeschlossen und einen anderen Weg gebahnt hat, der zu dem Menschen führt, an dem Gott »Wohlgefallen« hat (Mt 3,17). Durch die Ankunft der Taube bei der Taufe des »lieben Sohnes« wird Gottes Geist als Gewaltverzicht, Liebe zum Leben und Frieden mit der Schöpfung ›epiphan‹. Gottes ›Gedenken‹ (Vers 1) und seine ruach (Buber: ›Windbraus‹) weisen die Todesmächte in ihre Schranken, beflügeln den Flug der Taube und lassen die Überlebenden hoffen.

Vorschläge zur Liturgie

Eröffnung

»Komm, Geist, Geist des Vaters und des Sohnes!
Komm, Geist der Liebe, Geist der Kindschaft, Geist des Friedens, der Zuversicht, der Kraft und der heiligen Freude.
Komm, du geheimer Jubel in den Tränen der Welt.
Komm, du siegreiches Leben im Tod der Erde.
Komm, du Vater der Armen, du Beistand der Bedrängten.
Komm, du Licht der ewigen Wahrheit.
Komm, du Liebe, die in unsere Herzen ausgegossen ist.
Wir haben nichts, das dich zwingen könnte.
Aber darum sind wir zuversichtlich.
Unser Herz fürchtet im geheimen, daß du kommst, weil du selbstlos bist und rein, weil du anders bist als unser Herz.
Aber das ist uns die festeste Verheißung,
daß du dennoch kommst.
So komm also, komm täglich neu und mehr.
Auf dich vertrauen wir. ...«
(Karl Rahner, in: Gottesdienstgestaltung, ein ökumenisches Werkbuch, hg. v. K.-H. Bieritz u. M. Ulrich, 1987[2], 53).

Meditation

Evolution
»Milliarden von Jahren
hat es gedauert,
bis sich um die Erde
eine Sauerstoffhülle
gebildet hat,
die Atmosphäre,
in der Lebewesen
atmen können.

Wie lange wird es
dauern, bis eine
Atmosphäre der Liebe
und des Friedens
sich gebildet hat,
in der wir leben
können wie Menschen,
ob wir das noch
selbst erleben?«
(L. Zenetti)

Bekenntnis

»Viele sagen: Ich glaube an nichts.
Ich aber möchte glauben an Gott,
den Vater aller Menschen,
der Welten hervorbringt
und Menschen führt.

Viele sagen: Ich glaube an nichts.
Ich aber möchte glauben an Jesus,
den Bruder aller Menschen,
dessen Liebe niemand töten,
dessen Hoffnungen niemand begraben kann.

Viele sagen: Ich glaube an nichts.
Ich aber möchte glauben an den Geist,
das Verlangen aller Menschen,
der die Menschen zusammenführen und
das Angesicht der Erde erneuern will.«
(L. Zenetti)

Kollektengebet

»Allmächtiger Gott, wo Menschen am Ende ihrer Kräfte und Möglichkeiten waren, da hat dein Sohn Mächte und Gewalten besiegt. Wir bitten dich: Hilf uns in unseren Nöten und laß uns deine Macht erfahren.«
(in: Kollektengebete, Lutherhaus-Verlag Hannover, 1978, 13)

Lesung

Mk 4,35–41 (Evangelium); 2. Kor 1,8–11 (Epistel)

Lieder

- »All Morgen ist ganz frisch und neu« (EKG 336,1–4)
- »Komm, o komm, du Geist des Lebens« (EKG 106,1+2.5+6)
- »Freunde, daß der Mandelzweig wieder blüht und treibt« (Mein Liederbuch für heute und morgen, Düsseldorf, tvd-Verlag)
- »Gott gab uns Atem, damit wir leben«; hier lautet die 3. Strophe:
  »Gott gab uns Hände, damit wir handeln.
  Er gab uns Füße, daß wir fest stehn.
  Gott will mit uns die Erde verwandeln.
  Wir können neu ins Leben gehn.«
  (Text: E. Bücken, Melodie: M. Schlenker, in: Umkehr zum Leben. Kirchentagsliederheft 83)
- »Die Erde ist des Herrn. Geliehen ist der Stern, auf dem wir leben«
  (Text: J. Rieß, Melodie: M. Nagel, in: Die Erde ist des Herrn. Kirchentagsliederheft Düsseldorf 85)
- »Gottes guter Regenbogen lobt am Himmel Gottes Macht!«
  Die 3. Strophe lautet:
  »Gottes guter Regenbogen lebt am Himmel und er grüßt!
  Nie wird Gott den Bund auflösen, weil er selber Frieden schließt.
  In dem Sohn, der überwindet, der uns zur Versöhnung bringt,
  lobt der Friede, der uns segnet, der die Angst, den Haß bezwingt!«
  (Text und Melodie: D. Stork/R. Horn, in: Liederheft der Ökumenischen Versammlung Westfalen am 29.10.1988 in Dortmund, Nr. 23).

Vorschläge zur Predigt

Möglicher Predigtanfang

»... die kam nicht wieder zu ihm.« Uns allen, liebe Gemeinde, ist klar, was es bedeutet, daß die Taube nicht wiederkam: Das qualvoll lange Warten geht zu Ende, am Horizont erscheint ein Silberstreif, die Hoffnung auf ein baldiges Ende der Flut wird neu beflügelt, endlich können die in der Arche zusammengepferchten wenigen Menschen und die vielen Tiere aufatmen. Aber können sie das mit Gewißheit tun? Das Ausbleiben der Taube kann doch auch andere Gründe haben! Vielleicht ist ihr etwas zugestoßen?! Vielleicht kommt sie auch diesmal noch wieder zurück, und die Geschöpfe in der Arche sind um eine Hoffnung ärmer?! Die Erzählung vom Ende der Sintflut sagt nichts darüber, wo die Taube schließlich landen konnte. Im Grunde ist ihr Flug bis heute noch nicht beendet; denn als ein Sinnbild für die Sehnsucht nach Frieden fliegt sie durch die von Kriegen und Grausamkeiten beherrschte Geschichte der Menschheit und der gequälten Kreatur. Es kann für uns ein deutlicher Wink sein, daß die Taube bei der Taufe Jesu im Jordan erscheint als ein Symbol für Gottes Geist: Auf ihm ruht Gottes Wohlgefallen, bei ihm kommt die Sintflut an ihr wirkliches Ende, mit ihm erscheint der Frieden für alle Kreatur.«

Zum weiteren Verlauf
Die Sintflut war ein Fehlschlag, wenn man auf ihre Folgen sieht. Nur Gottes gnädiger Inkonsequenz verdanken die Kreaturen ihr Leben. Aber noch nie hat die Menschheit aus ihren großen Katastrophen gelernt. Immer schon hat es die Phantasie der Erzähler beschäftigt, wie es denn eigentlich in der Arche zugegangen sein mag während dieser endlos langen Wartezeit. Natürlich sagt die Erzählung selbst darüber nichts. Aber Vermutungen sind erlaubt, und sie sind zugleich ein Spiegel für uns selbst und unsere Zeit. So hat ein Rabbiner in Deutschland 1934 für seine jüdischen Schüler das Zusammenleben in der Arche mit den Worten beschrieben: ›In der Arche war das Leben sehr friedlich. Die Tiere lebten wie gute Nachbarn miteinander und taten auch den Menschen nichts‹ (Joachim Prinz, Die Geschichten der Bibel, Frankfurt/M. 1988, 20). Hier ist das Leben festgehalten, das durch keine Arche gerettet wurde. ›Was geschah in der Arche?‹ so fragt heute eine japanische Bilderbuchautorin. Auch ihre den Kindern gegebene Antwort ist kennzeichnend für unsere Zeit: ›Zuerst machte es den Tieren großen Spaß, so auf dem Wasser dahinzuschaukeln. Aber ein Tag nach dem andern verging und nichts geschah. Da wurde es den Tieren sehr langweilig. Und weil es so eng war in der Arche, bekamen sie schlechte Laune.‹ Außerdem wurde das Futter knapp. ›Den Tieren knurrte der Magen. Da sie alle hungrig waren, fingen an zu streiten. Sie gingen aufeinander los, daß die Federn nur so flogen. Noah wurde sehr ärgerlich: »Gebt doch endlich Ruhe da unten!« Aber Lärm und Streit wurden immer schlimmer.‹ Erst der kluge Rabe bringt alle zur Besinnung und zu dem Versprechen: ›Wir wollen aufeinander achten und behutsam miteinander umgehen‹ (Sekiya Miyoshi, Was geschah in der Arche?, Hamburg 1986). Unsere Zeit hat das Bild von der friedlichen Arche verloren, zugleich aber ist sie von einer großen Sehnsucht nach Frieden ergriffen. Der Flug der Taube ist noch nicht beendet.«

Siegfried Lenz hat in seiner Dankesrede für die Verleihung des Friedenspreises des Deutschen Buchhandels unserer Zeit eine Signatur gegeben: »Wir haben Anlaß zu der Frage: Wieviel trägt und erträgt er noch, der alte und ramponierte Planet, und wenn wir an den Frieden denken, zu dem ja auch Sattsein und Warmsein gehören: Wie vielen wird, angesichts der Explosion der Weltbevölkerung, die Hoffnung auf ein friedliches Leben bleiben?« Lenz sieht die Schöpfung langsam sterben: »Es gibt kein Abonnement auf die Ewigkeit, und es gehört nicht einmal viel Phantasie dazu, sich die Erde unbelebt vorzustellen, von Staub bedeckt, den kalte Winde vor sich hertreiben. Ein Grabstein für diese Zeit könnte die Inschrift tragen: Jeder wollte das Beste – für sich« (zit. nach DAS Nr. 42, vom 16.10.1988, 24).

Diese Signatur unserer Zeit kann nicht durch Gewalt von Grund auf verbessert werden. Alle Versuche in dieser Richtung müssen vergeblich sein. Gott hat einen anderen Weg gewiesen, indem er den Flug der Taube als »Hoffnungsträger« zu seinem Sohn gelenkt hat, in dem seine Liebe zu allen Kreaturen erschienen ist.

Möglicher Schluß

»›Nach uns die Sintflut!‹, so reden und handeln Menschen, denen es allein wichtig ist, daß sie selber noch genug zum Leben haben. ›Hauptsache, für uns reicht es noch! Was kümmert uns, was nach uns geschieht?! Das erleben wir ja sowieso nicht mehr.‹ ›Vor uns die neue Sintflut!‹, so reden und denken heute viele Menschen, die sich große Sorgen machen um die Zukunft ihrer Kinder und Enkelkinder. Sie fürchten eine noch viel größere Katastrophe für alle Kreatur, wenn es nicht endlich zu einer Umkehr und zum Umdenken kommt. Zwischen dem Verdrängen der Zukunft und der Angst vor ihr gibt uns die Geschichte vom Ende der Sintflut neue Hoffnung; denn Gottes Geist verdrängt die Todesmächte wie der Wind das Wasser zurückdrängt. Um Gottes willen soll es zu keiner neuen Sintflut kommen »solange die Erde steht«. Wie Noah in der Arche mit der Ungeduld des Herzens das Ende der Flut und das neue Leben herbeigesehnt hat, so können auch wir uns mit Zuversicht und Hoffnung nach vorne ausstrecken!«

Kontexte

»Gottes Hilfe besteht zum Beispiel darin, daß wir an diesen alten Texten die Erkenntnisse über Gottes eigene Lernfähigkeit nachbuchstabieren können. Sie werden uns eindrucksvoll vor Augen gestellt: Gewalt und Bosheit sind nicht durch Gewalt und Bosheit zu bekämpfen. Der Versuch dazu führte zur Flut, und er wird unter Garantie immer wieder zu Katastrophen führen. Neben der Aufstellung von elementaren Regeln zur Zähmung von Gewalt, die wir nicht vergessen dürfen, ist dies das Auffälligste: die Einseitigkeit, mit der Gott beschließt, auf Unrecht und Gewalt nicht seinerseits mit Unrecht und Gewalt zu reagieren. Einseitig sagt Gott zu, es über Gerechte und Ungerechte regnen zu lassen, Böse und Gute mit seiner Sonne zu erfreuen. Einseitig setzt er seinen Bund, seine uneingeschränkte Selbstverpflichtung, keine Flut mehr kommen zu lassen und die Erde zu schützen. So einseitig, nur so einseitig kann man auf das Böse reagieren, wenn in Zukunft Leben möglich sein soll. Und das heißt eben nicht, Gewalt anzuerkennen und zu rechtfertigen. Was aus diesem Text folgt, ist, daß wir den gleichen Bund zwischen den Menschen brauchen, zwischen den Menschen und allem Leben. Weil wir die Fähigkeit haben, eine neue Flut kommen zu lassen, müssen wir den Bund von uns aus erklären, so einseitig wie Gott den seinen. Und eben das macht den Text so verheißungsvoll, daß das ja geht« (Frank Crüsemann zu 1. Mose 8,20–9,17; in: Kirchentagstaschenbuch Düsseldorf '85, Stuttgart 1985, 167).

Fürbittengebet zu 1. Mose 8,18–22 von Kurt Wolff:
»Herr, solange die Erde steht,
sollen nicht aufhören Saat und Ernte,
hast du gesagt.
Einmal, Herr, möchte ich wie Noah
deine Stimme hören
und wissen, daß das stimmt, was du sagst,
und wissen, daß auch, was mein Ohr
nicht hört,
darum nicht ungesagt blieb.
Herr, solange die Erde nicht aus den
Fugen geht,
sollen nicht aufhören Kälte und Hitze.
Wie lange noch, fragen wir dich.
Einmal, Herr, möchte ich wie Noah
eine Arche vermessen
und wissen, daß das Maß, das du setzt,
stimmt,
und wissen, daß das Ausmaß, das ich
nicht übersehe,
von dir ausgemessen wird.
Herr, solange die Erde steht,
sollen nicht aufhören Sommer und Winter,
hast du gesagt.
Einmal möchte ich wie Noah
eine Arche bauen können
gegen das Lachen der Lacher,
gegen das Wissen der Besserwisser
und glauben, daß ich das aushalten kann.
Herr, solange die Erde bestehen bleibt,
soll nicht aufhören der Wechsel von Tag
und Nacht.
Du willst nicht alles Lebendige vernichten,
hast du gesagt.«
(in: Kurt Wolff, Der lange Atem oder Das Wort beim Wort genommen: Texte, Predigten, Fürbittengebete, Neukirchen-Vluyn 1984, 261).

Gebet des Noah:
»Herr, was für ein Zirkus!
Bei Deiner Sintflut und diesem Tiergeschrei
versteht man sein eigenes Wort nicht
mehr!
Es dauert lange.
All das Wasser ersäuft mir das Herz.
Wann kann ich wieder einen festen
Schritt tun?
Es dauert lange.
Meister Rabe ist nicht zurückgekommen.
Hier, Deine Taube.
Wird sie einen Hoffnungszweig finden?
Es dauert lange.
Herr, lenke Deine Arche zur Sicherheit,
auf den Gipfel der Ruhe,
und laß mich endlich herauskommen
aus dieser Viecherei!
Es dauert lange.
Herr, führe mich bis zum Gestade
Deines Bundes! Amen.«
(in: Carmen Bernos de Gasztold, Gebete aus der Arche, Mainz 1967[7]).

Letzter Sonntag nach Epiphanias

Predigttext: 2. Petrus 1,16–19/20–21
Eckhard Herrmann

Theologisch-homiletische Skizze

»Keine Weissagung der Schrift darf eigenmächtig ausgelegt werden« (Vers 20; Einheitsübersetzung), mahnt der Verfasser des zweiten Petrusbriefes die Empfänger seines Schreibens. Bereits beim ersten, noch flüchtigen Lesen der Perikope fällt mir diese Aufforderung ins Auge. – Das Nachdenken über die Frage der Eigenmächtigkeit der Schriftauslegung beschäftigt mich; so sehr, daß es mir schwer fällt, mich auf die weiteren Aussagen des Textes zu konzentrieren.

»Schriftauslegung ... ist Sache des kirchlichen Lehramtes. Vor diesem Hintergrund leuchtet es ein, daß katholische Gelehrte 2. Petr 1,20 als ›einen der wichtigsten Verse des ganzen Neuen Testaments‹ bezeichnet haben« (Chr. Gremmels/Wolfgang Herrmann, in: Predigtstudien f.d. Kirchenjahr 1983/84, Perikopenreihe VI/1, Stuttgart 1983, S. 120f.).

Was hat ein Text, der auf die »irrtumsfreie Autorität des apostolischen Lehramtes« (PSt, a.a.O., S. 121) abzielt, die der Verfasser fast ausschließlich mit der Augenzeugenschaft des Petrus bei der Verklärung Jesu begründet, in der Perikopenreihe der protestantischen Kirche zu suchen? frage ich kritisch ... und stimme in das Klagelied derer ein, die sich mit beachtenswerten Argumenten gegen eine Predigt über diesen Abschnitt ausgesprochen haben (vgl. die Zusammenschau kritischer Stimmen in der Predigtliteratur in PSt, a.a.O., S. 121).

Das kirchliche Lehramt: Wir haben's nicht! Haben wir's nicht?

Ein paar Beobachtungen – abseits der Theologie – aus der Praxis des kirchengemeindlichen Alltags:

- Gottesdienste in unserer Gemeinde, die von Lektoren oder Prädikanten gehalten werden, sind erheblich schlechter besucht als solche, die der Pfarrer selbst hält. Leider! Werden die Ehrenamtlichen in allen anderen Bereichen der Gemeindearbeit geachtet, geschätzt und gelobt, ... auf der Kanzel führen sie einen nahezu aussichtslosen Kampf um ihre Anerkennung.
- Kritrische Frage eines Freundes: »Dürft Ihr Pfarrer eigentlich predigen, was Ihr wollt?« M. a. W.: ›Es erzählt ja doch jeder, was *er* will; wem oder was sollen wir Gottesdienstbesucher denn da glauben?‹

Braucht der Protestant so etwas wie ein ›kleines‹ Lehramt, das ihm das Gefühl gibt, daß es in der Predigt ›mit rechten Dingen‹ zugeht? Etwa nach dem Motto: ›Was unser Pfarrer predigt, höre ich wohl, ... aber: was sagt ›die Kirche‹?‹

Diese latent, bisweilen auch offen gestellte Frage des Gottesdienstbesuchers möchte ich aufgreifen, um dann – ausgehend vom paulinischen Gemeindemodell (1. Kor 12–14) – den Gedanken von der Vielfältigkeit der Schriftauslegung durch Wort und Tat, zu der jeder getaufte Christ berechtigt und verpflichtet ist, zu entfalten.

Vorschläge zur Liturgie

Lesungen

Das *Evangelium* des Letzten Sonntags nach Epiphanias – Mt 17,1–9 – korrespondiert mit 2. Petr 1,16–18. Verklärung Jesu bzw. die Konsequenzen aus der Augenzeugenschaft bei diesem Ereignis werden somit automatisch zu Schwerpunkten der Verkündigung des Gottesdienstes.
Unter Berücksichtigung meiner theologisch-homiletischen Überlegungen ziehe ich Mt 28(16–17)18–20 (»... lehrt sie, alles zu befolgen, was ich euch aufgetragen habe«) vor.
Als Entfaltung des ›Missionsbefehls‹ und als Kontrapunkt zu 2. Petr 1,20 bietet sich m.E. 1. Kor 12,4–11 als *Epistel* an.

Liedvorschläge

Zum Eingang: 127 (»Liebster Jesu, wir sind hier ...«); vor bzw. nach der Predigt: 244 (»Ich ruf zu dir ...«); oder (aus: »Auf und macht die Herzen weit«. Liederheft für die Gemeinde, hrsg. im Auftrag des LKR der Evang.-Luth. Kirche in Bayern, München 1982) 715 (»Hilf, Herr meines Lebens ...«); 676 (»Ein Schiff, das sich Gemeinde nennt ...«); 679 (»Leben im Schatten ...«); am Schluß: 653 (»Wenn wir jetzt weitergehen ...«).

Kollektengebet

Es ist wunderschön, wenn einer zu uns spricht und wir merken: Du sprichst zu uns, Gott. Laß uns achten auf Worte, gib uns ein Ohr für Zwischentöne. Laß uns heraushören, wie andere nach dir fragen, und spüren, wie du zu uns kommst.
(Aus: F. K. Barth u.a., Gottesdienst menschlich, Band 2, Jugenddienst-Verlag, Wuppertal 1984 [2. Aufl.], S. 152)

Fürbittengebete

Wir suchen dich, Gott. Wir brauchen deine Hilfe. Für uns und andere bitten wir: HERR, ERBARME DICH.
Immer wieder Krieg! Und die vielen Menschen, die unter ihm leiden! Gib uns Mut, auf Frieden unter den Völkern zu hoffen und uns dafür einzusetzen. Wir bitten: HERR, ERBARME DICH.
Die Güter der Erde sind ungleich verteilt. Wir fürchten die Folgen. Gib uns Mut zum Verzicht und Geduld im Bemühen um einen gerechten Ausgleich. Wir bitten: HERR, ERBARME DICH.
Es gibt so viele, die nichts oder nicht genug von dir wissen. Gib uns Mut, ihnen durch Wort und Tat die Wahrheit nahezubringen. Wir bitten: HERR, ERBARME DICH.
Die Christenheit ist uneins und zerstritten. Gib uns Mut zur Verständigung und zur Zusammenarbeit auch bei verschiedener Meinung. Wir bitten: HERR, ERBARME DICH.

Wir sind oft unsicher im Urteil über Wahr und Falsch, über Gut und Böse. Gib uns Mut, nach deinem Willen zu fragen und unserem Gewissen zu folgen. Wir bitten: HERR, ERBARME DICH.
Sorgen und Ängste lähmen unsere Kraft. Gib uns Mut, daß wir uns auf dein Wort verlassen und tun, was jetzt nötig, was jetzt möglich ist. Wir bitten: HERR, ERBARME DICH.
Du wirst uns helfen, Herr, unser Gott, wir vertrauen dir durch Jesus, deinen Sohn, unseren Bruder.
(Aus: Christian Zippert, Neue Gottesdienstgebete, Gütersloh 1981, S. 110).

Predigtvorschlag

Möglicher Predigtanfang

»Sagen Sie mal, Herr Pfarrer, was meint eigentlich die Kirche dazu?« – Eine Frage, liebe Mitchristen, die mir immer wieder gestellt wird. Umstrittene politische Entscheidungen, gesellschaftliche Probleme, ethische Grundfragen ... – »Was meint die Kirche dazu?«
›Schön‹, denke ich mir oft, ›daß auch die Meinung der Kirche gefragt ist. ... Nur, wer oder was ist die Kirche?‹
»Meine persönliche Meinung als Bürger dieses Staates«, antworte ich dann meistens, »als Mensch, der vielleicht dieselben Sorgen und Probleme hat wie Sie, die können Sie gern hören – aber das ist nicht die Meinung der Kirche.«
Ob es meinem Gegenüber dann gelingt, meine Person von meinem Amt, meine private Ansicht von einer offiziellen Stellungnahme zu trennen? Ich weiß es nicht; ich kann es mir nur wünschen.
Gewiß: kirchliche Amtsträger in herausgehobenen Positionen äußern sich hie und da zu aktuellen Problemen. Kirchliche Gremien, die nicht nur mit Theologen, sondern auch mit engagierten Christen besetzt sind, die über die zur Debatte stehenden Themen fachkundig Auskunft geben können, erarbeiten Stellungnahmen. Denkschriften, wie wir sie in der evangelischen Kirche nennen. Gedankenanstöße.
Aber eine allgemeingültige, von allen getragene und für alle verbindliche Aussage der Kirche ... die gibt es nur ganz, ganz selten. Die kann es eigentlich gar nicht geben.
›Gott sei Dank‹, werden die einen sagen; ›leider‹ die anderen.

Zum weiteren Verlauf

Ausgehend von Vers 20 (»Keine Weissagung der Schrift darf eigenmächtig ausgelegt werden«) kann der Prediger kurz auf die Situation des Verfassers des Predigttextes eingehen: in der Auseinandersetzung mit seinen Gegnern vermag er den christlichen Glauben kaum noch mit dem

Kerygma von Kreuz und Auferstehung zu begründen; statt dessen besteht er auf der Verbindlichkeit seiner Predigt mit dem Hinweis auf »seine« (der Verfasser schreibt unter dem Pseudonym des Petrus) Augenzeugenschaft bei der Verklärung Jesu. (Vgl. hierzu die Ausführungen von F. Vouga in der Exegese, Gottesdienst-Praxis VI/4.)
Ich halte es für passend, an dieser Stelle – bitte sachlich und auf keinen Fall wertend – darauf einzugehen, daß es in der römisch-katholischen Kirche unter Berufung auf die Aussagen des zweiten Petrusbriefes das »Lehramt« gibt. Der Papst als – nach katholischer Auffassung – Nachfolger Petri kann sich kraft seines Amtes zu politischen, gesellschaftlichen und ethischen Problemen äußern, wobei alle Amtsträger der katholischen Kirche und die ›Christgläubigen des ganzen katholischen Erdkreises sowie alle Menschen guten Willens‹ (aus der Adresse der ›Enzyklika über die rechte Ordnung der Weitergabe menschlichen Lebens‹ / ›Humanae vitae‹) dieser Äußerung religiösen Gehorsam schuldig sind.
Die evangelische Kirche kann sich auf kein »Lehramt« berufen, das die »Weissagungen der Schrift« verbindlich auslegt. Ein Mangel? Oder eine Chance für die Verkündigung? Als Pendant zum Predigttext werden jetzt die Aussagen des Paulus in 1. Kor 12 (Epistel; s.o.) auf die konkrete Gemeindesituation übertragen. Wo, wie und durch wen wird in unserer Gemeinde die Schrift »ausgelegt«? Immer unter der Prämisse: »*Jedem* (und zwar jedem auf seine Weise) wird die Offenbarung des Geistes geschenkt, damit sie anderen nützt« (1. Kor 12,7). Jeder kann auf seine Weise die Sache dessen bekanntmachen, der für uns ans Kreuz gegangen ist und von Gott auferweckt wurde. *Jeder* kann mit seinen Gaben seine Mitmenschen »lehren, alles zu befolgen, was ich euch aufgetragen habe« (Mt 28,20), und zwar nicht, weil er als offizieller Amtsträger in der Nachfolge der Apostel, sondern weil er als getaufter Christ in der Nachfolge des »einen Herrn« (1. Kor 12,5) Jesus Christus steht.

Möglicher Schluß

»Keine Weissagung der Schrift darf *eigenmächtig* ausgelegt werden«, mahnt uns der unbekannte Verfasser des zweiten Petrusbriefes. Eigenmächtig? Viel wichtiger, liebe Gemeinde, ist mir, daß jede Weissagung der Schrift *vollmächtig* ausgelegt werden darf: mit der Vollmacht dessen, der uns als getaufte Christen in die Welt geschickt hat, um seine Anliegen in der Öffentlichkeit zu vertreten; mit der Vollmacht Jesu Christi. Der anonyme Briefschreiber *ermahnt* uns; Christus *ermutigt* uns, uns so, wie wir sind, auf den Weg zu machen. Und er verspricht uns sogar: »Ich bin bei euch alle Tage bis ans Ende der Welt« (Mt 28,20). Amen.

Kontexte

1. Zur Frage der Vielzahl der verschiedenen Erwartungen, die dem Prediger entgegengebracht werden:

»Die Information mag erstaunen: An gewöhnlichen Sonntagen hören in der Bundesrepublik etwa 1 Million evangelische Christen eine Predigt in einem Gottesdienst (nach Angabe von K.-W. Dahm).
Eine Vergleichszahl dazu: Nach Angaben des Deutschen Fußballbundes wurden in der Zeit von August 1972 bis Juni 1973 für Spiele der Bundesliga und der Regionalligen 9 598 382 Eintrittskarten verkauft (nicht gezählt sind die Ehren- und Freikarten). Hinzuzurechnen sind nach Meinung der befragten Regionalliga-Verbände für die nicht erfaßten Kreisklassen-Fußballspiele 15 bis 20 % der fast 10 Millionen verkauften Eintrittskarten pro Jahr. »König Fußball« bringt also weniger Menschen auf die Beine als der evangelische Gottesdienst.
Wie Fußballfreunde haben auch Gottesdienstbesucher große Erwartungen. Es gibt wenige Leute, die nur aus Gewohnheit oder gewissem Zwang zur Kirche gehen. Evangelische Christen ›wollen etwas von der Predigt haben‹, ...«
(Aus: Rolf Heue/Reinhold Lindner, Predigen lernen. Studienreihe für Verkündigung und Gemeindeaufbau, Band 7, Schriftenmissions-Verlag Gladbeck 1976, S. 12f.)

2. Zum Gemeindemodell des Paulus

»Die paulinische Gemeinde ist, um es zugespitzt, aber nicht überspitzt zu sagen, aus lauter Laien zusammengesetzt, die alle doch in ihren Möglichkeiten zugleich Priester und Amtsträger, nämlich Werkzeuge des Geistes für den Vollzug des Evangeliums im irdischen Alltag sind.«
(Aus: Ernst Käsemann, Exegetische Versuche und Besinnungen. Auswahl. Verlag Vandenhoeck & Ruprecht, Göttingen 1986, S. 189)

3. Zur Gemeindesituation im Frühkatholizismus

»Die Notwendigkeit der neuen Ordnungen wird aus dem antienthusiastischen Kampf zwingend erwiesen. Nur so haben, historisch gesehen, die christlichen Gemeinden den Ansturm abgeschlagen und als Gemeinden Christi überdauern können. Doch hat man sich nicht damit begnügt, notwendige Maßnahmen zu treffen. Man meinte auch, ihre Rechtmäßigkeit aus der Tradition ableiten zu müssen, und bediente sich dazu der Fiktion der von den Aposteln übertragenen Autorität ... Das zeigt sich doch wohl auch in dem Preis, den der Frühkatholizismus für die Erhaltung der christlichen Gemeinde in der Abwehr des Enthusiasmus zahlen mußte. Die Anleihen beim Judenchristentum zwangen ja dazu, den Geist ans Amt zu binden, die Gemeinde unter eine Autorität zu stellen, die sich nicht mehr ständig auf ihr Recht und ihre Kraft hin befragen ließ und beides aus ihrer Verkündigung heraus erweisen mußte. Die Institution bekam nun als solche Autorität, Recht, Kraft und Geist. Sie verwaltet fortan die Predigt, bestimmt die Lehre und läßt sich das Priestertum aller Gläubigen innerhalb der von ihr gesetzten Grenzen gefallen.«
(Aus: Ernst Käsemann, Exegetische Versuche, a.a.O., S. 191)

Mir fällt noch ein ...

daß sich der Tenor der Predigt noch während des Gottesdienstes ›umsetzen‹ läßt: das Fürbittengebet wird von Mitarbeitern/Mitgliedern der verschiedenen Gruppen und Kreise der Gemeinde vorbereitet und gesprochen.

Leitgedanke: Auftrag/Aufgabe Gottes an uns Christen ... Bitte um die Fähigkeit zur Erfüllung dieses Auftsags.

Beispiel: »Herr, du hast uns in die Welt gesandt, damit wir einander lehren (besser: helfen), alles zu befolgen, was du uns aufgetragen hast« (wird als Einleitung von jedem Sprecher gesagt). – »Du hast gesagt: ›Sagt entweder ›ja‹ oder ›nein‹; alles andere ist von Übel‹ (frei nach Mt 5,37). – Wie schwer fällt es uns oft, uns zu entscheiden. Wie leicht weichen wir einer klaren Antwort aus. Wir bitten dich: Gib uns den Mut und die Kraft, klar und deutlich zu unserer Meinung zu stehen. Hilf uns, in deinem Namen das Rechte zu tun und zu sagen. Wir rufen dich an: (alle:) Herr, erbarme dich!«

Septuagesimä

Predigttext: Römer 9,14–24
Gustav Roth

Theologisch-homiletische Skizze

1. Das Leitbild dieses 3. Sonntags vor der Passionszeit ist geprägt von dem Gleichnis der Arbeiter im Weinberg (Matth 20,1–16a). Inhaltlich wird es mit »Lohn und Gnade« beschrieben. Wenn wir heute dieses Leitbild neu definieren müßten, würden wir vermutlich von »Leistung und Gnade« sprechen. Leistung und Gnadenlosigkeit sind auf der einen Seite für uns bekannte Wirklichkeiten. Auf der anderen Seite sehnen wir uns danach, losgelöst von Leistungsmaßstäben als Menschen wahrgenommen, gnädig wahrgenommen zu werden.
Der vorgeschlagene Predigttext aus Römer 9,14–24 läßt sich in dieses Leitbild einordnen. Er hat jedoch eine ziemliche Eigendynamik, so daß zu bedenken ist, wie wir mit ihr umgehen. Trimmen wir Römer 9,14–24 so zurecht, daß es nahtlos in das Leitbild dieses Sonntags hineinpaßt, oder lassen wir durch dieses sperrige Wort und seinen Kontext unser Singen, Nachdenken und Beten bestimmt sein? Ich möchte mich für die zweite Möglichkeit entscheiden, ohne zu vergessen, daß die Frage von Leistung und Gnade im Hintergrund gegenwärtig bleibt. Eine weitere Überlegung trägt zu dieser Entscheidung bei.
2. Die wichtigen und zugleich schwierigen Aussagen von Röm 9–11 kommen in der Ordnung der Predigttexte vor in

der 2. Reihe	an Trinitatis	Röm 11,33–36
	am 10. Sonntag nach Trinitatis	Röm 11,25–32
	am 17. Sonntag nach Trinitatis (sowie am Andreastag und bei Ordinationen)	Röm 10,9–18
der 4. Reihe	am 10. Sonntag nach Trinitatis	Röm 9,31–10,4
der 6. Reihe	an Septuagesimä	Röm 9,14–24

Wenn wir davon ausgehen, daß der 10. Sonntag nach Trinitatis in der Regel in die Sommerferien fällt, Röm 11,33–36 fast immer losgelöst vom Thema »Gottes Weg mit Israel« aufgegriffen wird, um dem Geheimnis der Trinität nachzuspüren, dann taucht Römer 9–11 nur zweimal in sechs Jahren als Predigttext auf. Es ist an den Rand gedrängt. Oder muß man sagen: Es ist verdrängt?
Weil ich meine, daß das so ist, schlage ich vor, am Sonntag Septuagesimä 1990, ein gutes Jahr nach dem 50. Gedenktag der Reichspogromnacht, in der vermutlich über dieser Frage inzwischen eingekehrten Stille sich dem Thema »Juden und Christen« nicht zu entziehen.
Aber was soll das? Luise Rinser schreibt in ihren Tagebuchaufzeichnungen »Im Dunkeln singen« 1984:
»Zum Thema Brüderlichkeit. Einmal galt diese Brüderlichkeit dem Verhältnis von ›Juden‹ und ›Christen‹. Ein vom Lauf der Zeit überrundetes Problem, soweit es die

Juden in der christlichen BRD angeht. Ein heißes Eisen, soweit es das politische Verhältnis der BRD zum heutigen Israel angeht. Besser, es nicht anzufassen. Brüderlichkeit heute: mit wem?« (Fischer-Taschenbuch 9251, 1988, p. 145)

3. Dennoch: das für viele Christen noch immer nicht geklärte und schwer zu bearbeitende Verhältnis zu den Juden dringt bei den unterschiedlichsten Gelegenheiten als Frage an die Oberfläche. Da sind nach einem halben Jahrhundert im Jahre 1988 Ereignisse im eigenen Umfeld entdeckt und berichtet worden, die total vergessen waren. Da stellen wir in Gemeinden bei Kirchweihfesten fest, was vor fünfzig oder mehr Jahren in Gemeindebriefen geschrieben und in Kirchenvorständen beschlossen wurde. Oder alle Akten aus dieser Zeit sind verschwunden. In meiner Nachbargemeinde war der Reichsführer der »Deutchen Christen«, Hossenfelder, Pfarrer. Aus seiner Zeit fehlen alle Unterlagen. Warum? Oder es wurden damals jüdische Mitarbeiter, Pfarrer und Organisten, verdrängt und mußten zum Teil emigrieren. Wie haben sich Gemeinden damit auseinandergesetzt? Oder wir besuchen mit einer Konfirmandengruppe einen jüdischen Friedhof oder sogar ein Konzentrationslager. Dann wird auf dem Elternabend gefragt: Mußte das sein? Oder die ablehnenden Emotionen brechen noch vehementer hervor: Könnt ihr nicht endlich damit aufhören?

Es geht dabei nicht rückwärtsgewandt um eine immer ferner rückende Vergangenheit. Es geht darum, daß wir heute mit den unterschiedlichsten Menschen, auch gerade mit denen, die uns in Frage stellen, zu leben lernen. Wir werden das nur können, wenn wir an denen, die uns im Glauben so nahe sind wie Menschen jüdischen Glaubens, und an der Verheißung, die über ihnen steht, etwas vom Geheimnis der Gnade (Röm 9,15) begreifen lernen. Nur wenn wir beginnen, aus dem und mit dem Geheimnis der Gnade zu leben, können wir auch anderen Raum lassen zum Leben. Denn wir können nicht »Kinder der Verheißung« (Röm 9,8) sein, wenn wir anderen »Kindern der Verheißung« die Lebenschancen streitig machen.

4. Der Zugang zu Römer 9–11 ist schwer, auch gerade zu den einzelnen Abschnitten. Immer wieder mißlingen Anläufe des Verstehens. Diese drei Kapitel sind manchmal wie ein Haus, zu dem man vergeblich eine Türe sucht. Mehr denn je ist es notwendig, den Gesamtzusammenhang zu sehen und ihn auch narrativ in die Predigt einzubringen. Dabei wirkt Römer 9–11 wie ein eigenständiges Stück in diesem Brief. Ob es sich hier um die Beantwortung von Fragen handelt, die des öfteren in der noch jungen Christenheit zur Debatte standen? Ob Paulus seine Argumentation schon mehrmals mit diesen oder ähnlichen Worten vorgetragen hatte?

Paulus ist als Jude Christ geworden und tritt als Christ für die Juden ein: ein Mensch zwischen den Fronten. Daß die Weigerung vieler Juden, Christen zu werden, ihn persönlich tief trifft und theologisch irritiert, verraten die Worte, die von seiner Trauer und seinem Schmerz sprechen (Röm 9,2). Um der Menschen willen, zu denen er von seiner Herkunft und Prägung her als Mensch gehört, möchte er verflucht und von Christus getrennt sein (Röm 9,3). Er möchte sein eigenes Leben für sie aufs Spiel setzen. Weil er Christen und Juden unter der Verheißung Gottes zusammenhalten will und muß, warnt er die Gemeinde Gottes in Rom (und vielleicht schon viele andere Christen vorher), sich vorschnell und eigenmächtig zu Herren über Gottes Verheißung und Gnade zu machen.

Die Existenz der Juden beraubt die Christen ihres alleinigen Anspruchs auf Gottes Gnade, eines Anspruchs, der in der Geschichte des christlichen Abendlandes in den unterschiedlichsten Formen von höchsten kulturellen Leistungen bis zum unbegreiflichen Grauen Gestalt gewonnen hat. Wir haben weder als Gesellschaft noch als Kirche diese Geschichte überwunden. In sehr vielen Lebensäußerungen und Ansprüchen deutscher Menschen spiegelt sich diese Geschichte wieder. Wer am Ende »Gefäß des Zorns« oder »Gefäß der Barmherzigkeit« (Röm 9,22f.) sein wird, haben wir nicht zu entscheiden. Die Berufung Gottes gilt jedenfalls zuerst den Juden, aber nicht nur den Juden, sondern auch den Heiden (Röm 9,24).

5. Der Synodenbeschluß der Evangelischen Kirche im Rheinland vom 15. Januar 1988 äußert sich im letzten Abschnitt über die Aufgaben, vor denen wir stehen; deswegen zitiere ich ihn hier:

»So handelt es sich nach fünfzig Jahren nicht darum, daß die Nachgeborenen die damals Verantwortlichen noch einmal zur Rechenschaft ziehen und aburteilen. Aber wir müssen nach der Prüfung des überkommenen Erbes mit den unheilvollen Traditionen brechen. Ohne Bitterkeit wollen wir den Zusammenhang der Generationen ernstnehmen: ›Unsere Väter haben gesündigt und leben nicht mehr, wir aber müssen ihre Schuld tragen‹ (Klagelieder 5,7). Dabei wird geschehen:

– daß wir den Opfern des Holocaust, statt sie mitleidlos zu vergessen, einen Ort in unserem Gedächtnis einräumen und gemeinsam mit denen, die damit schon begonnen haben, ihrer an bestimmten Orten zu festen Zeiten, wenn immer möglich mit Namen gedenken;
– daß wir lernen, auch die Schuldanteile unserer nationalen Identität wahrzunehmen und in unsere Verantwortung zu übernehmen, anstatt in eine vermeintliche »Normalität« zu flüchten und damit die Vergangenheit von uns abzutrennen;
– daß wir das jüdische Volk als Gottes Augapfel (Sacharja 2,12) begreifen und die Achtung vor diesem Volk und seiner Erwählung als wesentlichen Bestandteil des christlichen Glaubens begreifen;
– daß wir den Staat Israel als Zufluchtsort der verfolgten Juden achten und Solidarität mit den jüdischen Gemeinden in unserer Nachbarschaft suchen;
– daß wir uns verpflichten, keiner Gruppe in unserer Gesellschaft gegenüber religiöse Diffamierung, gesellschaftliche Ächtung und rassistisches Gebaren zuzulassen;
– daß wir neue Bindungen zum Judentum gewinnen, daß wir Gottes Vergebung erflehen (Psalm 130) und daß wir umkehren.« (Ev. Theologie, 48. Jahrgang, 5–88, p. 466f.).

Vorschläge zur Liturgie

Begrüßung

In der Begrüßung sollte die Gemeinde darauf aufmerksam gemacht werden, daß nicht ein Gedenktag, sondern das für die Predigt vorgeschlagene Bibelwort uns nötigt, uns der Frage des Verhältnisses von Christen und Juden zu stellen.

Psalm

Psalm 31 (Wochenpsalm) oder Psalm 129 (Hilferuf des bedrängten Israel)

Eingangsgebet

Barmherziger Gott, Du Gott Abrahams, Isaaks und Jakobs,
Du hast Israel mit Abraham zu deinem Volk auserwählt
und uns mit allen Menschen durch Christus zum Leben berufen.
Immer mehr erkennen wir die Schuld an deinem ersterwählten Volk.
Wir bitten Dich: Erfülle Deine Verheißungen, laß uns mit Israel gerettet werden und Dich preisen.

Lesungen

Bei den Lesungen schlage ich vor, eine Möglichkeit aufzugreifen, die im Vorentwurf der »Erneuerten Agende« für die Lutherischen und EKU-Kirchen in der Variante B1 (Gestaltung in offener Form) enthalten ist: Kontrastierende »Gegentexte« können die Aufmerksamkeit für die biblische Botschaft schärfen.
Von daher halte ich folgenden Aufbau im Teil »Verkündigung und Bekenntnis« für möglich:

1. Lesung: Römer 9,1–5
2. Lesung: Welche Folgen es hat, wenn die Verheißungen für das Volk Israel vergessen werden, können wir an einem Gemeindebriefartikel des Jahres 1933 erkennen: Text zum Nachdenken, in: Friede und Freude, Organ des Ev. Vereins der Kaiser Friedrich-Gedächtniskirche, 9. April 1933 (s.u.)
3. Lesung des Predigttextes: Römer 9,14–24
4. Meditative Musik der Orgel, z.B. zu EKG 195 »Aus tiefer Not schrei ich zu dir ...«
5. Predigt zu Römer 9,14–24
6. Glaubensbekenntnis nach der Predigt (übrigens auch ein Vorschlag der »Erneuerten Agende«) mit dem Hinweis darauf, daß wir den Glauben an Gott mit Menschen jüdischen Glaubens gemeinsam haben und daß »Christus aus ihnen kommt nach seiner irdischen Herkunft« (Röm 9,5).

Fürbitte

Mit großer Liebe hast Du uns geliebt, Ewiger, unser Gott!
Mit großem und immer größerem Erbarmen hast Du Dich über uns erbarmt, unser Vater, unser König.
Wegen unserer Mütter und Väter, die auf Dich vertrauten
und die Du lehrtest die Satzungen des Lebens,
so sei auch uns gnädig und lehre uns.
Unser Vater, erbarmender Vater, Barmherziger,
erbarme Dich über uns und gib in unser Herz

einzusehen, zu erkennen und zu verstehen,
zu lernen und zu lehren,
zu bewahren, zu befolgen und zu bewähren
alle Worte des Forschens in Deiner Lehre in Liebe.
Erleuchte unsere Augen durch Deine Lehre;
hefte unser Herz an Deine Gebote;
eine unser Herz, zu lieben und zu fürchten Deinen Namen,
daß wir nicht beschämt werden in Zeit und Ewigkeit.
Denn auf Deinen heiligen Namen, den großen und furchtbaren,
vertrauen wir.
Wir frohlocken und freuen uns mit Deiner Hilfe.
Du begnadest den Menschen mit Einsicht
und lehrst den Sterblichen Vernunft.
Begnade auch uns mit Einsicht, Vernunft und Verstand.
Gepriesen seist du, Ewiger, der mit Einsicht begnadet!
(Jüdisches Morgengebet, in: Paul-Werner Scheele, Halleluja-Amen, Gebete Israels aus drei Jahrtausenden, Bonifacius-Druckerei Paderborn, 1974, p. 165)

Liedvorschläge

Lieder zur Thematik »Christen und Juden« gibt es weder im EKG noch im Vorentwurf des Evangelischen Gesangbuches, 1988: ein Zeichen dafür, daß dieses Thema auf Gemeindeebene noch keine gültigen Ausdrucksformen gefunden hat. Möglich sind Psalmlieder, z.B. EKG 185.191.195.

Predigt

Möglicher Anfang

Das ist schockierend, was wir da nebeneinander gehört haben! Welch unterschiedliche Aussagen finden wir da bei Paulus und in einem evangelischen Gemeindebrief des Jahres 1933 vor! Wie ist das möglich?
Auf der einen Seite ist da von Geschäften, internationalen Verbindungen und von Wirtschaft die Rede. Der öffentliche Einfluß der Juden soll zurückgedrängt werden. Beschrieben werden sie als unerfreulichste Elemente. Der Prozeß des Aussterbens wird angestrebt und erhofft. Am Ende bleibt das deutsche Volk übrig, nur noch deutsch, nur noch national. Von dem, was Paulus in Römer 9–11 ausgesagt hat, taucht nichts auf. Die geistliche Frage, die das Verhältnis von Christen und Juden stellt, wird verschwiegen. Wie haben wir uns diesen Fragen gestellt? Wie ist in den letzten Jahren diese Frage in unserer Gemeinde und in unserer Stadt aufgetaucht? Das müssen wir uns noch einmal in Erinnerung rufen ...

Zum weiteren Verlauf

Der Abschnitt Röm 9,14–24 weist unauffällig auf die Gemeinsamkeiten hin, die für Christen und Juden vorhanden sind:

1. Die Schrift, aus der Paulus zitiert, ist gemeinsam (Vers 15)
2. Der Gott, von dem sich Christen und Juden herleiten, ist gemeinsam (Vers 14 und andere)
3. Christen und Juden sind von ein und demselben Gott berufen (Vers 24)
4. Es gibt den gemeinsamen Ausblick auf die Herrlichkeit (Vers 23)
5. Christen wie Juden können scheitern und zu Gefäßen des Zorns werden (Vers 22).

Es ist deutlich zu machen, an welchen Stellen in den grauenhaften Jahren der Nazi-Herrschaft und in den Diskussionen und Streitgesprächen diese Gemeinsamkeiten vergessen wurden.

Möglicher Schluß

Am Ende steht die Frage: Sind denn Christen und Juden eins? Was unterscheidet uns? Ich glaube: erst wenn wir in einem langen und mühsamen Prozeß gelernt und erfaßt haben, wieviel wir gemeinsam haben, angefangen vom Alten Testament bis zum Glauben an den Gott, der in der Geschichte handelt, den Gott Abrahams, Isaaks und Jakobs, von der Hoffnung auf eine Zukunft, in der Gottes Maßstäbe von Liebe, Gerechtigkeit und Frieden gelten, bis zu dem Wunder, daß Gott heute und hier Chancen des Lebens eröffnet und schenkt, müssen wir auch darüber reden und nachdenken, wo wir nicht eines Glaubens sind, wo wir nicht zusammenfinden. Fragen, gerade auch kritische Fragen an Menschen jüdischen Glaubens sind nur da zu ertragen, wenn sie von einer mindestens genauso kritischen Sicht der Christen und der Kirche begleitet werden. Wer Jesus Christus als einen der großen Unterschiede zwischen Christen und Juden benennen will, muß sich zuvor fragen lassen, wie sehr er sich mit seinem ganzen Leben auf diesen Jesus Christus einläßt, damit hier keine Scheingefechte stattfinden. »Sei nicht stolz und fürchte Dich!« warnt Paulus (Röm 11,20).

Wo aber wird das Gespräch von Christen und Juden stattfinden können? Wo gibt es genügend Menschen jüdischen Glaubens, die zu einem solchen Gespräch bereit sind? Es ist ein Gespräch, das wir bitter notwendig haben. Denn die Vergangenheit hatte und hat nicht nur grauenhafte Folgen für Juden: Verwundungen, Schäden und Ängste, die nicht wieder gutgemacht werden können. Auch wir Christen haben Partner der Bibelauslegung verloren, Partner des Glaubens verloren, so daß von der Selbstverstümmelung der Christen gesprochen worden ist, die es hier wahrzunehmen gilt. Ist deshalb unser Glaube manchmal so ärmlich und so dünn, weil uns das jüdische Gegenüber fehlt? Paulus zwingt uns, geistliche Zusammenhänge zu erkennen, die uns abhanden gekommen sind.

Diejenigen, denen dieser Vorschlag zu einlinig ist und die nicht über die Zeit verfügen, diesen Gottesdienst mit einer Gemeindegruppe vorzubereiten, sollten sich an die für den 3. Sonntag vor der Passionszeit vorgeschlagenen Psalm- und Lesungstexte halten.

Psalm: 31

Kollektengebet
Du Gott der Güte und Freundlichkeit,
wir können mit dem,
was wir sind und tun,
vor Dir nicht bestehen.
Hilf, daß wir uns allein auf Deine Güte verlassen und alles,
was uns belastet, niederdrückt und schuldig macht,
durch Dich überwinden.
Durch Deinen Sohn Jesus Christus,
der lebt und Leben schafft mit Dir und dem
Heiligen Geist heute und jeden neuen Tag. Amen.
(Nach Ritter, 1933; rg 8/9, Nr. 37)

Epistel: 1. Kor 9,24–27

Einleitung zur Epistel
Paulus vergleicht das Leben der Christen mit dem Wettkampf auf dem Sportplatz. Keiner von uns hat den Kampf schon gewonnen, sondern alle müssen ihre ganze Kraft einsetzen, um ans Ziel zu gelangen.

Evangelium: Matthäus 20,1–16a

Einleitung zum Evangelium
Daß Gottes Güte unsere Vorstellungen von Ansprüchen und Vorrechten total in Frage stellt, zeigt Jesus im Gleichnis von den Arbeitern im Weinberg.

Zwei Texte zum Nachdenken

Aus Friede und Freude, Organ des Ev. Vereins der Kaiser-Friedrich-Gedächtniskirche, 9. April 1933:
»Schließlich hat sich die Reichsregierung genötigt gesehen, den Boykott jüdischer Geschäfte zu organisieren – in der richtigen Erkenntnis, daß durch die internationalen Verbindungen des Judentums die Auslandshetze dann am ehesten aufhören wird, wenn sie dem deutschen Judentum wirtschaftlich gefährlich wird.
Das Ergebnis dieser ganzen Vorgänge wird ohne Zweifel eine Zurückdrängung des jüdischen Einflusses im öffentlichen Leben Deutschlands sein. Dagegen wird nie-

mand im Ernst etwas einwenden können. Aber die Judenfrage wird damit nicht gelöst sein. Sie ist überhaupt mit augenblicklichen Gewaltmaßnahmen nicht zu lösen. Jede ernsthafte Erörterung der Judenfrage hat gezeigt, wie unendlich schwierig sie ist. Es gibt schließlich immer nur zweierlei, was getan werden muß. Das erste ist eine langfristige Sperre der deutschen Ostgrenze gegen die jüdische Einwanderung. In dieser Beziehung – wir haben das an dieser Stelle immer wieder gesagt – haben sich die deutschen Regierungen seit dem Herbst 1918 auf das schwerste versündigt. Sie haben Zehntausenden von unerfreulichsten Elementen, die nach Deutschland eingewandert sind, bereitwillig das deutsche Staatsbürgerrecht verliehen. Das muß aufhören. Sobald die jüdische Einwanderung abgesperrt ist, geht das Judentum in Deutschland zurück. Die Kinderzahl der jüdischen Familien ist klein. Der Prozeß des Aussterbens geht überraschend schnell vor sich. Das andere aber ist die Festigkeit der eigenen Art, die einer fremden Rasse nicht erliegt. An dieser Festigkeit hat es im deutschen Volk immer gefehlt. Und es wird auch in Zukunft daran fehlen, wenn nicht christliches Gewissen die Verantwortung für das Volkstum, das Gott gegeben hat, zu einer Kraft im Leben jedes Einzelnen werden läßt.«

Schalom Ben-Chorin im Vorwort zu: Joyce Hannover, Gelebter Glaube, Die Feste des jüdischen Jahres, GTB-Sachbuch 778, Gütersloh, 1986, S. 11:
»Christliche Theologen gingen so weit, mich zu fragen, ob ich ihnen nicht praktische Vorschläge machen könnte, wie man etwas vom jüdischen Schabbat und den jüdischen Festen, wie sie in der Familie gefeiert werden, auf die christliche Gesellschaft übertragen könne.
Ich konnte nur wenige Vorschläge machen; denn eine Gesellschaft, die nicht mehr fraglos aus dem Glauben lebt, kann keine echten religiösen Formen entwickeln. Versucht man eine offenbare Leere durch ein selbsterdachtes Ritual zu überbrücken, so entstehen künstliche Gebilde, die oft zur Karikatur gelebter Frömmigkeit werden.«

Sexagesimä

Predigttext: Apostelgeschichte 16,9–15
Friedhelm Borggrefe

Theologisch-homiletische Skizze

Das Evangelium in Europa. Die Geschichte vom Anfang. Keine Romantik wie an Weihnachten. Keine Massenbekehrung wie an Pfingsten. Eine leise vorösterliche Geschichte: Es erscheint der erste Europäer im Traum des Völkerapostels Paulus als hilfloser Mann. Welch ein Bild!

Der erste »Wir«-Bericht der Apostelgeschichte läßt – wie die Kommentare zeigen – viele historische Fragen aufkommen. Aber der Prediger soll nicht lediglich erzählen, was einmal war, sondern wie es nun einmal ist, wenn das Evangelium kommen will. Eine kerygmatische Erzählung begegnet uns, geschrieben in dem Bewußtsein: So ist das, wenn Gott Menschen die Gewißheit gibt, daß sie berufen sind, das Evangelium zu predigen (Vers 10b). Da fassen Prediger Mut, sind bereit, neue Wege zu gehen, nachdem sie in Kleinasien verschlossene Türen erlebt haben (vgl. Verse 6 und 7). Unter den Überschriften »Ruf nach Mazedonien« (Verse 9–10), »In Philippi« (Verse 11–13) und »Die Bekehrung der Lydia« (Verse 14–15) gliedert sich der Text in drei Szenen. – Die beiden Konfliktgeschichten, die Auseinandersetzung mit der Wahrsagerin und die Geschichte vom Kerkermeister, bilden die dunkle Folie, auf der das strahlende Bild der paulinischen Mustergemeinde Philippi erscheint (Phil 4,15).

Im Anfang liegt Wahrheit. Anfangssituationen enthalten oft im Kern, was sich später entwickelt. So legt es sich nahe, in der Predigt zuerst über »Anfänge« nachzudenken. Das kann sehr verschieden geschehen, persönlich und individuell im Blick auf Ehe und Familie oder aber auch grundsätzlich. Eine Anfangssituation kann eine aktuelle Frage klären helfen. Ich wähle den zweiten Weg als Einstieg zur Predigt, weil das Problem institutioneller Stärke und geistlicher Schwäche der Kirche mich quält. Mit dem Bild vom »hilflosen Mann« kommt aus dem Text ein starker Impuls, diese Problematik zu bearbeiten. Der Erzähltext lädt ein zum Erzählen; ich möchte so erzählen, daß ich nicht berichte, sondern mit dem Text dialogisiere, ohne mich von ihm zu distanzieren. Mit den Bildern vom »hilflosen Mann«, von der Frauengemeinde am Fluß und von dem gastfreien Haus der Lydia, als Urbild der ersten europäischen Gemeinde, möchte ich nachzeichnen, was der Autor der Apostelgeschichte als Anfangssituation skizziert hat. Im Spiegel des Anfangs kommt Licht ins Heute.

Vorschläge zur Liturgie

Im Vorfeld der Konfirmation könnten eine Gruppe von Konfirmanden und griechische Jugendliche den Gottesdienst mitgestalten. Der Predigttext läßt sich ohne viel Aufwand bibliodramatisch gestalten. 1. Szene: Drei Männer wandern von verschlossener Tür zu verschlossener Tür (Apg 16,6f.). 2. Szene: Die drei schlafen ermattet ein. Ein Mann in griechischer Tracht erscheint; stummer Hilferuf. 3. Szene: Ein Schiff, das sich Gemeinde nennt. Gruppe stellt Überfahrt dar. 4. Szene: Soldaten angedeutet. Frauen an den Altarstufen sitzend im Gespräch, Lydia mit rotem Gewand; drei Männer kommen dazu. Kreuzsymbol. 5. Szene: Lydia lädt ein. Taufschale als Symbol.

Wenig Worte. Keine Lesung. Musikalische Akzente mit der Orgel oder mit Orffschen Instrumenten. Spannungsbogen zur Predigt schaffen. Knapper Kommentar des Pfarrers: So war der Anfang des Evangeliums in Europa. »Ihr werdet die Kraft des heiligen Geistes empfangen, der auf euch kommen wird, und ihr werdet meine Zeugen sein in Jerusalem und in ganz Judäa und Samarien und bis an das Ende der Erde.« (Apg 1,8). Paulus, Silas und Timotheus finden verschlossene Türen in Kleinasien. In der Nacht sieht Paulus einen Mann aus Mazedonien: »Komm herüber und hilf uns.« Sie steigen ins Schiff, Gott baut sich seine Gemeinde. In Philippi, der Soldatenstadt, treffen sie nur die Frauen. Die Männer sind beim Militär. Eine Frau namens Lydia ist die erste Christin in Europa, eine Purpurhändlerin. Gott tut ihr das Herz auf, sie öffnet ihr Haus, eine gastfreie Gemeinde entsteht. – Das war der Anfang. Darüber wollen wir nachdenken.

Eingangsgebet

Dank sei dir, Herr, an diesem Morgen,
daß wir das Licht der Sonne sehen
und die Botschaft Jesu Christi hören dürfen.
Schenke uns offene Ohren
und mache die Türen
zu unseren Herzen weit,
daß unsere leeren Hände gefüllt werden
mit dem, was uns Sinn und Ziel gibt,
mit dem, was wir weitergeben können.
Wir bitten dich für die vielen Menschen und Rassen
die mit uns auf der Erde leben
und mit uns nach dir suchen.
Herr, fülle uns mit deiner Freude,
bis wir davon überfließen,
daß die Erde erfüllt werde
von Frieden, Freude und Heil.
(aus Südafrika)

Schlußgebet
Großer, gütiger Gott, Vater unseres Herrn Jesus Christus
und Herr unseres Lebens:
Wir danken dir, daß du uns immer aufs neue einlädst,
deine Nähe zu suchen,
daß du dich immer wieder von uns finden lassen willst.
Wir bitten dich in dieser Stunde:
Rufe du Menschen, die in deinem Namen auf die Straßen gehen und einladen.
Stärke jene Menschen, die dies täglich tun
und um deinetwillen verlacht oder verspottet werden.
Laß uns selbst zu Botschaftern deiner Einladung werden,
daß wir die Nachricht von der Herrlichkeit und Nähe zurücktragen
in unsere Häuser und Familien, zu unseren Freunden und Bekannten.
Und wir bitten dich:
Mache du die Traurigen in unserer Gemeinde fröhlich
und die Fröhlichen dankbar.
Mache du uns allen klar, daß wir nur deine Gemeinde sind,
wenn wir an einem Tisch sitzen und wenn wir untereinander Gemeinschaft haben,
weil du bei uns bist in der Kraft deines Heiligen Geistes
heute und immer.
(Peter Spangenberg: Mit Gott reden S. 103)

Eingangspsalm
Psalm 119,89–91.105.116

Lesungen
Lukas 8,4–8; Weisheit Salomos 6,13–17

Lieder
144,1–3; 145 (Wochenlied), 1–4; Ein Schiff, das sich Gemeinde nennt (Anhang 77 No. 605); Herr, gib uns Mut zum Hören (Anhang 77, No. 840).

Vorschläge zur Predigt
Möglicher Anfang
Es lohnt sich, über die Anfänge nachzudenken. Der erste Eindruck ist oft entscheidend. Und die Frage: Wie kommt denn das? – sie hängt oft mit dem Anfang zusammen. Heute möchte ich mit Ihnen auf Spurensuche gehen und fragen: Wie kommt es eigentlich, daß wir in Europa Christen sind? Selbstverständlich ist das ja nicht. Europa war nicht immer ein christlicher Kontinent. Und heute? Heute, scheint mir, finden wir überall das Profil einer christlichen Vergangenheit, aber man spricht schon längst vom

nachchristlichen Zeitalter. Und im Blick auf die vielen, die nicht mehr dazu gehören oder dazu gehören wollen, lohnt sich die Frage: Wie kommt es eigentlich, daß wir in Europa Christen sind? Die Antwort will ich nicht mit einer kirchengeschichtlichen Vorlesung geben, sondern mit einem Blick auf den Anfang.
Hier ließe sich das Bibliodrama zu Apg 16,9–15 ebenso einfügen wie die Textlesung (durch eine Lektorin).

Zum weiteren Verlauf
Einer träumt und geht seinen Träumen nach. Einer Frau geht das Herz auf, und sie öffnet ihr Haus. Eine gastfreie Gemeinde entsteht. Der Anfang als etwas Persönliches. Keine Romantik. Keine Massenbekehrung. Der Anfang in einer Militärkolonie. Die Männer dienen dem Kaiser Wohlstand und kämpfen für ihn. Nur im Traum erscheint einer von ihnen. Ziemlich hilflos muß er ausgesehen haben; jedenfalls rief er: »Komm herüber und hilf uns.« Aber dieser mazedonische Mann ist im Traum geblieben. In der Wirklichkeit des Anfangs sind da nur Frauen zu sehen. Draußen vor der Stadt sind sie zusammengekommen, um zu beten. Es ist Sabbat, arbeitsfreier Tag für die Juden. Ein Tag, um den man kämpfen muß, wenn man in der Minderheit lebt und frei sein will. Alle Leute sagen: Arbeit ist die Hauptsache. Aber die Frauen sagen: An einem Tag in der Woche ist das Gebet noch wichtiger als die Hauptsache. Deshalb gehen sie aus ihren Häusern hinaus, lassen die Arbeit liegen, gehen an den kleinen Fluß, treffen sich und beten zu einer festen Zeit, an einem festen Ort.
Weiter von den drei Männern, die sich zu den Frauen setzen und erzählen: »Wir« waren Zeugen. So war der Anfang. Ein paar Frauen. Eine namens Lydia, die hatte ein Herz und eine Seele. Sie war eine Fremde, kam aus Thyatira, dem Zentrum der Purpurfärberei. Und bei allem Fragen: Bin ich anerkannt als Christin? Bei aller Unsicherheit des Anfangs war klar: Zuerst war da in Europa eine gastfreie Gemeinde. Eine Frau, der Gott das Herz auftat, öffnete die Tür für Menschen, die das Evangelium brauchen.
Kommentar: Die Geschichte vom Anfang ist uns nicht erzählt, weil wir erfahren sollen: So war das einmal. Nein, sie wird uns erzählt, weil wir begreifen sollen: So ist das nun einmal. Ohne eine offene Tür, ohne ein offenes Herz, ohne Gespräch, ohne Gebet und ohne Zeit für Gott läuft es nicht mit dem Christsein heute. Ohne das alles bleibt es bei dem Traum vom hilflosen Mann.

Der Traum vom hilflosen Mann:
Ein starkes Bild. Nicht ein starker Mann, eine Persönlichkeit aus der ersten Reihe steht da am Anfang, sondern ein hilfloser Mann in seiner Landestracht; jeder sieht, woher er kommt: aus dem stolzen Mazedonien. Und ist

doch hilflos. Er spricht nicht nur seine eigene Hilflosigkeit, sondern auch die seiner Landsleute aus. Seine Not ist so groß, daß sie einem anderen Menschen im Traum zu Herzen geht.
Ob wir das kennen? Eine Not, die so groß ist, daß sie andere Menschen in der Nacht anrührt, sie bis in den Traum hinein verfolgt?
Wir Männer haben dieses Bild vergessen. Wir wollen nicht hilflos sein. Wir möchten keine Schwächen zeigen. Wir erwarten alles von uns selbst.
Unsere Leistung, unsere Wissenschaft und unser Fleiß müssen es bringen. Und viele von uns schämen sich zu träumen. Sie können sich überhaupt nicht vorstellen, daß wir in den Träumen anderer erscheinen könnten. – Aber unsere Kinder träumen von ihren Vätern. Doch wir begegnen ihnen nicht als hilflose Männer, sondern eher als Überväter, zornig manchmal und als mächtige Bosse. Das ist auch nicht gut.
Der hilflose Mann am Anfang.
Es wird erzählt: Diese Hilflosigkeit bewegt Menschen. Sie machen sich auf zu ihm mit dem Evangelium. Sie nehmen das nächste Schiff und erleben eine glückliche Reise. Sie spüren: »Gott hat uns berufen, das Evangelium zu predigen.«

Die Geschichte vom Anfang hat viele Schichten: Die drei Boten des Evangeliums fahren in eine römische Kolonie, in eine Soldatenstadt, wo Männer ausgebildet werden zur Macht und das Gesetz der Stärke gelernt wird. Da wird in Europa für das Evangelium zuerst Station gemacht. Und wo sind die Männer?
Die Männer sind nicht da. Sie sind tätig. Wie wir erfahren, arbeiten sie. Der eine befaßt sich mit der Zukunft; das war schon immer ein einträgliches Geschäft. Ein anderer arbeitet als Gefängnisaufseher, so lesen wir. Die meisten Männer werden wohl tatsächlich beschäftigt sein bei Kaiser Wohlstand. Gehorsam dienen sie ihm. – Und so geht das Evangelium an den Männern vorbei. Sie bleiben in ihrer Hilflosigkeit, mächtige schwache Männer.
So wandert das Evangelium zu den Frauen draußen am Fluß, wo sie sitzen und beten. Da kommt das Evangelium an im Gespräch. »Wir setzten uns und redeten mit den Frauen, die dort zusammenkamen.« Heißt es lapidar. Evangelium nicht zu haben ohne Gemeinschaft.
Die gute Botschaft von der Befreiung des Menschen aus seiner Hilflosigkeit ist offenbar nicht zu haben ohne Gemeinschaft. So fängt es an zu wirken bei den Frauen, die Gemeinschaft haben untereinander. Sie haben sich ein wenig Zeit genommen von der Arbeit, Zeit zum Gebet, zum Gespräch des Herzens mit Gott. Sie haben riskiert, herauszugehen aus ihrem Haushalt, draußen am Fluß haben sie sich getroffen, dort, wo es ein wenig still ist, wo die Arbeit sie nicht einholt. Abstand haben sie gefunden. Sie konnten für sich sein.

So fängt das an. Und es fängt nicht nur damals so an, sondern oft fängt es so an. Das ist der Weg, auf dem das Evangelium zu Herzen gehen kann. Da braucht man Zeit. Da ist Gemeinschaft nötig zum Hören und zum Gespräch. Da ist Gebet, ja, auch das ist von allem Anfang an dabei. Und da werden Menschen offen. Das Herz geht auf. Bei einer jedenfalls geht das Herz auf.
Es geht auch um die Taufe. Aber das wird nur ganz beiläufig erzählt, und doch ist es wichtig, denn die Taufe hält verbindlich fest, was längst geschah im Wort. Was im Gespräch geschah, die Taufe macht es noch einmal deutlich und klar: Du gehörst dazu.

Solche Geschichte möchte erinnern an den Anfang und uns helfen, klar zu kommen mit der Frage: Warum gehöre ich eigentlich dazu? Wie kommt es? In meinem Umfeld gibt es so viele christliche Erinnerungen. Da wird mir wie oft gesagt: Das ist es! Da steht ein Kirchturm. Die Glocken, ich höre sie. Auf dem Stundenplan der Kinder steht »Religion«. Es gibt ein christliches Krankenhaus in der Stadt. Die Kindergärten im Lande gehören der Kirche. – Wie reagiere ich eigentlich auf das alles? Was sagt mir das? – Manche reagieren aggressiv. Schade. – Man müßte sich auf den Anfang besinnen. Da ist der Traum vom hilflosen Mann. Da sind ein paar mutige Schritte, eine Reise in die richtige Richtung, eine glückliche Reise. Und da ist eine Frau namens Lydia, eine Purpurkrämerin, die mit Farben handelt. Sie wird die erste Christin in Europa, weil die Männer beschäftigt sind bei Kaiser Wohlstand. Ihr geht das Herz auf, und sie gründet in ihrem Haus und mit ihrer Familie eine gastfreie Gemeinde.

Möglicher Schluß
Gastfreie Gemeinde, das ist auch noch so ein Bild, das ich liebe. »Wenn Gast kommt, Gott kommt«, sagt ein polnisches Sprichwort. Und angesichts der vielen Fremden, die unter uns leben, ist dies eine Herausforderung für uns auch noch 1990, wo wir zum dritten Mal hintereinander 200 000 Aussiedler erwarten, wo unsere türkischen Mitbürger arbeitslos werden, weil die grobe und schmutzige Arbeit ersetzt wird durch Maschinen. Gastfreie Gemeinde mit offenen Türen und Menschen, denen man abspürt: Denen ist das Herz aufgegangen. Ja, das würde bedeuten: Wir kehren zu den Anfängen zurück. Der Anfang, dieser Anfang, ist der Maßstab.

Kontexte

Mich beschäftigt die Tatsache, daß die erste christlichie Gemeinde in Eurpa ohne die Synagoge nicht zu denken ist.
Aus einem Gespräch zwischen Pinchas Lapide und Karl Rahner:
»Lapide: Das mag zur Sendung Israels gehören. Denn wenn wir, ›das kleinste unter

allen Völkern‹ (Dtn 7,7), dazu berufen wurden, der Welt den Ein-Gott-Glauben, die Bibel und das Ethos der Propheten zu übermitteln, als gottgewollter Dienst an der Völkerwelt, so mag auch Jesus zu diesen ›Gaben‹ gehören, die wir bestimmt waren hervorzubringen und weiterzugeben. Könnten Sie sich vorstellen, daß diese Sendung Israels auch in die Zukunft reicht, daß weitere Heilsaufgaben unser harren?
Rahner: Ich bin kein Prophet. So muß ich Ihre Frage eigentlich unbeantwortet lassen. Aber natürlich hoffe ich, daß Israel der übrigen Menschheit in einem prophetischen Monotheismus an den Gott der Väter und auch Jesus weiterzuglauben hilft.«
Aus: Pinchas Lapide/Karl Rahner: Heil von den Juden? Mainz 1984

»Verfolgt und unterdrückt man sie in etlichen Ländern, so ist das wiederum keineswegs die Folge ihrer Sünden, sondern vielmehr eine Prüfung, die Gott ihnen auferlegt. In ihrem Status als Minderheit werden die Juden auf die Probe gestellt, damit sich zeige, wie groß die Kraft ihres Glaubens ist. Aber auch die nichtjüdische Bevölkerung in ihrer Überzahl wird geprüft: diese Mehrheit hat zu zeigen, wie gottesfürchtig und rechtschaffen sie gesinnt ist. Ihr wird die Möglichkeit geboten, eine Minderheit gütig und barmherzig zu behandeln. Mißlingt das der Gesamtbevölkerung in ihrer Mehrheit, dann wird durch ihr Versagen deutlich, daß sie selbst Gottes Willen zuwider handelte. Daß er bloßstellt, wie die Menschheit versagt, wenn es gilt, geistliche Ziele zu erreichen, und sie aufruft, darüber vor Gott Rechenschaft abzulegen, das ist der Beitrag, den der Jude unter widrigen Umständen für die Menschheit leistet.«
Leo Trepp: Das Judentum, Hamburg 1969 S. 24.
Ein Portrait der Lydia auf diesem Hintergrund? Lydia als Repräsentatin einer Menschheit, die zeigt, wie gottesfürchtig und rechtschaffen sie gesinnt ist und wie auf diesem Weg das Evangelium gefunden wird?

Estomihi

Predigttext: Jesaja 58,1–9a
Karl-Heinrich Bieritz

Theologisch-homiletische Skizze

1. Lebenslügen: Nichts ist so schwer zu durchschauen, so schwer zu verändern wie das Geflecht aus Überzeugungen, Wertvorstellungen, Haltungen, Handlungsanweisungen, auf dem wir das Fundament unseres Lebens errichten. Wird nur ein tragendes Element entfernt, kann der ganze Bau zusammenstürzen ... Mag da ein Prophet kommen und schrill dagegen anschreien: um so unerschütterlicher halten wir an dem fest, was uns selbst im Innersten zusammenhält; er wird uns, er kann uns, er darf uns nicht meinen! Bei anderen, ja, da erkennen wir leicht die Risse im Gebälk des Hauses; da schütteln wir den Kopf über so viel »falsches Bewußtsein«, das fanatisch an Vorstellungen und Maximen festhält, die längst jeden Realitätsbezug verloren haben ... aber wir? Schlimm wird's, wenn ein ganzes Volk, eine komplette Gesellschaft, ja, eine Kultur solcher Lebenslüge verfällt, wenn also die »gesellschaftliche Konstruktion von Wirklichkeit« allzu schmerzhaft und unversöhnlich mit den Realitäten selbst kollidiert; schlimm wird's, wenn dann der Widerspruch dadurch aus der Welt gebracht werden soll, daß man die Propheten verlacht, verjagt, gar steinigt ...

2. An den Stichworten »Lebenslüge«, »Widerspruch zwischen Sein und Bewußtsein«, »fatale Fehleinschätzung«, die in der Exegese (Band 4) gegen Ende des Abschnitts B auftauchen, bin ich hängen geblieben; sie liefern mir das Material, aus dem ich eine Brücke zwischen Text und Hörer, Predigt damals und Predigt heute bauen kann. Denn das ist keineswegs einfach – gerade darum, weil alles so klar vor Augen liegt: ein Volk, das in der festen Gewißheit lebt, auf dem richtigen Weg zu sein; das ganz selbstverständlich Ansprüche geltend macht auf Gottesschutz und Gottesnähe; das zur Begründung solcher Ansprüche auf beachtliche religiös-sittliche Vorleistungen verweisen kann. Und ein Gott, der dem seinen eigenen Anspruch entgegensetzt: tiefgreifende gesellschaftliche Veränderungen statt Sack und Asche und Fastenmiene und Demutsgestus und Askese! Was liegt näher, als einer Gesellschaft, zu der ich nicht gehöre, und einer sozialen Kaste, deren Befugnisse und Privilegien ich nicht teile, nun gründlich die Leviten zu lesen: Las los! Gib frei! Soziale Solidarität statt Profitmaximierung! Mit-Leid statt Leistungsprinzip!

3. Doch – mich befällt ein ungutes Gefühl bei solcher Rede. Ich spüre: Der prophetische Protest verkommt zum Klischee (auch das ist eine Art »falsches Bewußtsein«!), wenn ich das Wort nicht auch gegen mich wende. Ich muß selber durch das Feuer hindurch, das die Lebenslügen verbrennt; erst dann habe ich das Recht (und die Kraft!), gegen die gesellschaftlichen Lügen aufzustehen und die bösen Namen

zu nennen: Die anderen hungern lassen, um selber zu gewinnen. Stolz sein auf Wirtschaftswachstum, Überfluß, technologische Überlegenheit – erkauft mit dem Bankrott des Planeten, dem Tod ferner Nächster, den Lebenschancen der Enkelkinder. Rüsten, daß der Markt floriert ... Wo bin ich selber, fern von Washington, in die Menschheitslügen von heute verwickelt?

4. Estomihi – Sonntag vor den Fasten: Mir fällt Jesus ein (Mt 4,1–11 parr.), der sich nicht in das Lügengeflecht von Genuß, Ruhm und Macht verstricken läßt. Das könnte in der Tat ein Fasten sein: Das Netz der falschen Versprechungen, falschen Gewißheiten zerreißen. Die Lügen aufdecken. Die trügerischen Fundamente verlassen, aufbrechen, sich dem Zug der Gerechtigkeit Gottes anvertrauen: Dann wirst du rufen, und der Herr wird dir antworten (Vers 9).

Vorschläge zur Liturgie

Gesang zur Eröffnung

(anstelle eines Psalms, gesungen oder gesprochen)

Kommt, ihr Gesegneten des Vaters, erbt das Reich!
  Denn ich bin hungrig gewesen, und ihr habt mir zu essen gegeben.
Kommt, ihr Gesegneten des Vaters, erbt das Reich!
  Ich bin durstig gewesen, und ihr habt mir zu trinken gegeben.
Kommt, ihr Gesegneten des Vaters, erbt das Reich!
  Ich bin ein Fremder gewesen, und ihr habt mich aufgenommen.
Kommt, ihr Gesegneten des Vaters, erbt das Reich!
  Ich bin nackt gewesen, und ihr habt mich gekleidet.
Kommt, ihr Gesegneten des Vaters, erbt das Reich!
  Ich bin krank gewesen, und ihr habt mich besucht.
Kommt, ihr Gesegneten des Vaters, erbt das Reich!
  Ich bin im Gefängnis gewesen, und ihr seid zu mir gekommen.
Kommt, ihr Gesegneten des Vaters, erbt das Reich!

Kyrierufe

Jesus Christus, Herr und Bruder:
Du bist der Weg, die Wahrheit und das Leben.
  Herr erbarme dich. Christus erbarme dich. Herr erbarme dich.
Du widerstehst der Versuchung der Macht und gibst dein Leben für viele.
  Herr erbarme dich. Christus erbarme dich. Herr erbarme dich.
Du zerbrichst Lug und Trug und führst uns zur Wahrheit.
  Herr erbarme dich. Christus erbarme dich. Herr erbarme dich.

Tagesgebet (Kollektengebet)

Gott unser Vater: Du trittst für die Rechtlosen ein, befreist die Gebundenen und zerbrichst das Joch der Bedrückten. Wir bitten dich: Zerreiße das Lügengeflecht, in dem wir uns gefangen haben, und öffne unsere Augen für deinen wahren Willen, daß wir deinem Sohn auf dem Weg der Wahrheit

folgen und das Rechte tun. Denn er lebt und herrscht mit dir von Ewigkeit zu Ewigkeit.
Amen.

Erste Lesung
1. Kor 13

Evangelium
Mk 8,31–38

Fürbitten
Wir danken dir, Vater, mit den Menschen,
die dein Sohn glücklich nennt,
gegen den Augenschein, gegen unsere Erfahrung.
Wir hoffen für sie und für uns auf dein Erbarmen.
Wir denken an die Armen,
an die vielen, denen das Nötigste fehlt,
Unbeachtete und Vergessene, Hoffnungslose,
denen das Leben leer wird,
die niemandem vertrauen, nichts glauben können.
Wir hören, daß du gerade für sie da bist.
Wir bitten:
Herr, erbarme dich.
Wir beten für alle, die trauern,
über einen Verlust weinen,
ihre Hoffnung begraben;
für die Menschen,
die an unabänderlichen Verhältnissen,
an den eigenen Schwächen leiden;
für die Angeschlagenen, Verbitterten und Schwermütigen.
Du wirst sie trösten.
Wir rufen:
Herr, erbarme dich.
Wir schauen aus nach barmherzigen Menschen,
die sich durch Not bewegen lassen,
geduldig umgehen mit schwierigen Leuten,
auch für ihre Feinde Verständnis aufbringen,
Schuld vergeben und Bosheit mit ehrlicher Güte überwinden.
Wir möchten selbst so sein und können es nicht ohne dich.
Darum bitten wir:
Herr, erbarme dich.

Wir beten für alle, die nach Gerechtigkeit hungern,
für die Opfer von Gewalt und Terror,
für die zu Unrecht Verfolgten,
die Gequälten und Gefolterten
und alle, die leiden, weil sie die Wahrheit sagen.
Wir rufen:
  Herr, erbarme dich.
Wir verbinden uns mit denen,
die sich für den Frieden einsetzen,
für die Beendigung eines Krieges
und die Beseitigung von Kriegsursachen,
für eine gerechte Vermittlung
zwischen streitenden Völkern und Gruppen,
für die Erziehung zum Frieden.
Mit ihnen möchten wir deine Kinder sein.
Wir bitten:
  Herr, erbarme dich.
Du willst dich unser erbarmen, jetzt und in Zukunft. Amen.
(nach Christian Zippert, in: Gottesdienst '76, hrsg. H. Nitschke, Gütersloh 1975, S. 52ff.; K.-H. Bieritz/M. Ulrich, Gottesdienstgestaltung. Ein ökumenisches Werkbuch, Leipzig 1985, S. 232f.).

Schuldbekenntnis
Ich will mit dir, Herr, die Litanei vom Menschen beten:
Ich, der ich Schuhe trage, bete zu dir mit den Millionen,
die barfuß auf dem Sand, im Staub oder auf harten Steinen einhergehen.
Ich, der ich nie wußte, was es heißt, keine Kleider zu haben,
bitte dich für alle meine Brüder, die nichts besitzen,
um ihre Blöße zu bedecken.
Ich, der ich jeden Morgen die Zeitung lese und lange Jahre
auf der Schulbank saß, werfe mich auf die Knie mit all den Unzählbaren,
die nicht einmal das ABC gelernt haben.
Ich, der ich stets den Arzt rufen kann, bete zu dir mit allen,
die ohne genügendes Wissen gegen ansteckende Seuchen kämpfen
und ohne alle Erleichterung auf ihren Matten sterben.
Ich, der ich dich kenne und der Erbe eines christlichen Geschlechts bin,
stelle mich auf die Seite jener, die dich noch nicht kennen.
(nach Pierre Charles; Gottesdienstgestaltung, S. 222f.)

Lieder
»Brich dem Hungrigen dein Brot« (Gotteslob Nr. 618,1–5); »Komm, Herr Jesu, komm« (Gotteslob Nr. 568,1–4); »Kommt herbei, singt dem Herrn«

(Gotteslob Nr. 270,1–6); »Zieh an die Macht, du Arm des Herrn« (EKG Nr. 223,1–4); »Sonne der Gerechtigkeit« (EKG Nr. 218,1–7)

Vorschläge zur Predigt

Möglicher Predigtanfang

Du bist ein Tolpatsch, hatte die Mutter immer wieder zu ihm gesagt, als er noch klein war; hast zwei linke Hände; wenn du mich nicht hättest! Und hatte ihm die Schuhe geschnürt, den Mantel geknöpft, die Brote und Äpfel in die Tasche gepackt ... Später hatte er dann viele Mütter: Lehrer und Chefs, Vorgesetzte beim Militär, Kollegen, Ehefrauen, zwei, drei – mütterliche Typen; und er spielte mit ihnen allen stets das gleiche Spiel: Rührend unbeholfen hing er sich an ihren Rockzipfel, unterwürfig, solange sie ihre Rolle erfüllten; vorwurfsvoll aufbegehrend, wenn er nicht das bekam, was er erwartete und worauf er einen Anspruch zu haben glaubte. Und wenn sie ihm das Spiel verdarben, kündigte er und suchte sich eine neue Mutter.

...

Menschen folgen, so sagt man, einem Lebens-Skript, einem Drehbuch für ihr Leben, das irgendwann in früher Kindheit geschrieben wird und das die Rolle festlegt, die einer im Leben zu spielen hat: Gewinner oder Verlierer, Frosch oder Prinz, Aschenputtel oder Schneewittchen ... Und immer wieder wird das gleiche Spiel gespielt, wiederholen sich die gleichen Szenen, einem Ritual vergleichbar spult sich das Dasein ab. Nichts ist so schwer, so sagt man, wie ein solches Lebens-Skript aufzubrechen, umzuschreiben ...

Sie suchen mich täglich und begehren, meine Wege zu wissen, sagt Gott von seinem Volk. Sie fordern von mir Recht, sie begehren, daß Gott sich nahe, und weisen vorwurfsvoll auf ihre Vorleistungen hin, machen ihre Ansprüche geltend: »Warum fasten wir, und du siehst es nicht an? Warum kasteien wir unseren Leib, und du willst's nicht wissen?« Ein Spiel: Asche aufs Haupt und Lumpen am Leib und die Haare zerrauft und das Gesicht zerkratzt und den Kopf gesenkt, Gebete auf den Lippen und Vorwürfe im Sinn: »Warum spielst du nicht mit?« Ein Spiel: Nicht das von Mutter und Sohn, aber das von Gott und Mensch, uralt, immer wieder neu aufgelegt; Sack und Asche gehören dazu, Gottesdienste und Gebete, aber auch die Faust im Alltag, Prozesse und Profite, Entmündigung anderer und ein gutes Gewissen ... Bürgerreligion: Oben bleibt oben, unten bleibt unten, wer Hunger hat, hungert, und wer ein Haus hat, behält's – für sich; und ein Gott, gelobt und gefeiert, der für das Spiel einsteht und Gewinn wie Verlust garantiert. Bürgerreligion: Auch dort noch gespielt, wo man längst andere Namen für Gott gefunden hat ...

Spielverderber heißt der Prophet: Schrill fährt er dazwischen, will ein anderes Spiel, ein anderes Fasten ... Ob's ihm gelingt? Einem Spielverderber-Gott ist rasch gekündigt; zu viele andere Götter, willfährig, bequem, stehen bereit ...

Zum weiteren Verlauf

Das Lebens-Skript wird zur Lebens-Lüge, wenn ein einzelner, eine Gruppe, ein Volk sich darin verfängt, sich selber und andere in der endlosen Wiederholung des immer gleichen Spiels zugrunde richtet. Wichtig ist, die quasireligiöse Komponente in diesen Spielen zu erkennen und zu benennen: Es braucht einen Gott – wie immer er heißt –, der für Gewinn und Verlust steht, bei dem man die Regeln einklagen kann, einen Gott, der die Werte verkörpert, die hier verkündet, verteidigt und verteilt werden. Wichtig ist, daß der prophetische Einspruch auf allen drei Ebenen geltend gemacht wird, auf denen wir in Lebens-Spiele und Lebens-Lügen verwikkelt sind:

a) Ich spiele das Spiel als einzelner, mit meiner Familie, mit meinen Freunden und Kollegen: Die Regeln (das kulturell sanktionierte System von Werten und Normen, die kaum bewußt reflektiert werden) verlangen von mir, daß ich meinen Leistungspegel halte und erhöhe, um meinen Konsumpegel halten und erhöhen zu können ... Sie bieten mir zugleich Möglichkeiten rituellen Verhaltens an, die entlastend wirken, den Druck des Gewissens (oder auch nur das schlechte Lebensgefühl) kompensieren, der Angst begegnen: Umwelt-Gerede, schon klischeehaft fixiert; ritualisierte Spendenaktionen; auch neuartige religiöse Praktiken, mentale Fluchtburgen ... Fasten und Kasteien, Sack und Asche können heute auf sehr unterschiedliche, vielfältige Weise praktiziert werden. Ihr Sinn ist allemal, das Spiel in Gang zu halten.

b) Ich spiele das Spiel als Glied einer Kirche, die die Solidarität mit der Schöpfung, den Verschuldeten und Verhungernden, den Außenseitern und Zukurzgekommenen lauthals verkündet, auf's ganze gesehen jedoch praktisch ihrer Selbsterhaltung, ihrem Prestige, ihrem Einfluß, ihrem institutionellen Funktionieren absolute Priorität einräumt ... Wie heißen hier die Fasten-Riten, die das Getriebe ölen und den Widerspruch zwischen Sein und Bewußtsein zudecken sollen? Konziliarer Prozeß? Diakonie? Brot für die Welt ...?

c) Ich spiele das Spiel als Glied eines Volkes, einer Zivilisation, einer Menschheits-Familie: Unübersehbar zeichnen sich globale Katastrophen schon am Horizont ab; doch belohnt, gefördert werden immer noch jene Werte, Leistungen und Einstellungen, jene Lebensformen und -ziele, die das Teufels-Spiel in Gang halten, vorantreiben ...

Möglicher Schluß

Es gibt Spiele, die krank machen, töten ... Und es gibt ein Spiel, das Heilung bringt. Als Spielverderber ist der Prophet im Namen seines Gottes dazwischengefahren, hat ihnen das Masken-Gelumpe vom Gesicht und vom Leib gerissen, die Fasten-Asche abgeschminkt, die Freude an den

Invokavit

Predigttext: Jakobus 1,12–18
René Leudesdorff

Homiletische Skizze

1. Deutschland ist zweigeteilt: in Gebiete mit und ohne Fasching (auch in Menschen mit und ohne). Ich lebe im faschingslos-norddeutsch-ländlichen Teil, bestreite aber die Ansicht, daß dieser Sonntag nach Aschermittwoch noch gesellschaftlich-kirchlich-individuell ein wirklich wirksamer Einschnitt im Leben der meisten sei – ganz abgesehen davon, daß vor wie nach Aschermittwoch der alte Mensch der alte Mensch und der neue Mensch der neue Mensch bleibt. Insofern ist die Frage, wem zu predigen sei, bereits vorab entschieden. Beiden.

2. Was den Jakobusbrief mit seinem christologischen Defizit und seiner im Vergleich zu Paulus auffälligen anthropologischen Flachheit betrifft, mag man Luther verstehen, der ihn aus seiner soteriologischen Position heraus an den Rand des Kanons drängte; dennoch bleibt eine Menge Sympathie übrig für einen Autor der dritten Generation, der den Mut hatte, an einigen Punkten wider den Stachel etablierter Positionen wie der paulinischen zu löcken, jüdische Ethik mit stoischer Theologie (1,17) verbindend. Ja, er bleibt ein Christ, den mit Paulus (1,18 vgl. mit 2. Kor 5,17) mehr verbindet, als Luther sah. – Es erscheint mir als ein Zeichen für theologische Profilneurose, wenn nicht selten gegen alt- oder urchristliche Texte angepredigt wird. Das Spektrum jener Epoche ist nicht minder gefächert als das unsere, und wir sollten mehr Einfühlsamkeit gegenüber ihren Autoren und deren Intentionen an den Tag legen und versuchen, ihren Gedanken so nachzusinnen, daß es neue, vielleicht unbequeme Erkenntnisse abwirft.

3. Schwierigkeiten empfinde ich allerdings gegenüber dem Begriff »Begierde« (1,14), da wir ihn heute – vgl. E. Fromms zitierten Text – nicht mehr so unwissend-unreflektiert wie die christliche Tradition anwenden können. Wir wissen heute anthropologisch, biologisch, psychologisch, soziologisch zu viel, als daß wir sie nicht zu den – durchaus ambivalenten! – Bedingungen unseres Menschseins zu zählen hätten. Was nicht heißt, daß sie, wenn krankhaft-unkontrolliert, nicht auch tödliche Bedrohung für uns selbst bedeuten. Von daher ist auch »Versuchung« für mich nicht einfach in das Gott/Teufel-Schema einzuordnen. Es gibt auch sinnvolle Versuchungen, die zum eigenen wie sozialen Lernprozeß beitragen – nicht nur im »Bestehen«!

4. In einem Punkt bekenne ich meine »Fixiertheit«: Ich kann durch K. Barth weder vom Nomos noch vom Imperativ her predigen. Ich suche in jedem Text »schlafwandlerisch« zuerst den Indikativ auf, auch wenn er – wie hier – am Ende steht (1,18); denn sachlich steht er für Christen immer am Anfang: »geboren durch das Wort der Wahrheit ... Erstlinge seiner Schöpfung« ...

Gebeten und Gebärden verdorben: Soll das ein Fasten sein, an dem ich Gefallen habe? Und hat ihnen ein neues Spiel mit neuen Regeln angeboten: Gib frei, lautet die erste Regel ... Gib frei, laß los, die du an dich gebunden hast, laß los, was dein Eigennutz fesselt, was du aussaugst und mit Füßen trittst ... Menschen, Lebendiges aller Art, Dinge, Beziehungen, Positionen, Sicherheiten, Einfluß, Prestige ... Entzieh dich nicht, heißt die zweite Regel, gib frei, aber bleib in der Nähe, halte dich zur Verfügung, greif zu, tritt dazwischen, tritt darunter, je nachdem ... Teile, so lautet die dritte Regel, teile dein Brot und dein Haus, deine Kleidung, wo's nötig ist, teile die Zeit und die Macht, über die du verfügst, teile deinen Einfluß, dein Ansehen, teile dein Wissen, dein Können, deine Sprache, teile dich mit anderen, teile dich mit ... um zu gewinnen! Ein Spiel, bei dem die Welt nicht in Gewinner und Verlierer zerfällt, bei dem keiner auf der Strecke bleibt, bei dem alle am Ende mitziehen in jenem Zug, der von der Gerechtigkeit Gottes angeführt und von seiner Herrlichkeit beschlossen wird. Amen.

Kontext

das warme wasser
morgens im bad
den sanften stahl
an der wange
den frühling (irisch)
aus dem flakon
die kleinen knechte
ich laß sie nicht los
das gold in der tasse
china auch ceylon
fremd auf der zunge
den tisch behäbig und bunt
brot süß und satt
die kleinen knechte
ich geb sie nicht frei
die zeitung druckfrisch
vollkomfortbungalow
kaufe verkaufe gesucht
zwergpony wildledermantel
die kleinen knechte
ich laß sie nicht ledig
auch den pförtnergruß nicht
der mir zuspielt du bist
der mann mit dem sicheren stuhl
und dem brauchbaren namen
die kleinen knechte
ich laß sie nicht los
und fürchte mich doch
irgendwann kommt das fasten
an dem morgen vielleicht
wenn das wasser verstummt
zäh sich versagt
die knechte sind frei

Vorschläge für die Liturgie

Lieder

Herr Jesu, Gnadensonne EKG 258; Jesu, hilf siegen EKG 260; O Durchbrecher aller Bande EKG 262. – Neue Lieder: Gott liebt diese Welt. – Liebe ist nicht nur ein Wort.

Psalm-Meditation (zu Ps 91)

Du legst deinen Mantel um mich, wenn ich friere.
Du verschließt die Türe, wenn ich mich ängstige.
Du schaltest das Licht an, wenn meine Sicherung durchbrennt.
Du trittst auf die Bremse, wenn ich mich verfahren habe.

Du räumst den Stein weg, den sie mir in den Weg legten.
Du zerbrichst die Knüppel, die sie mir zwischen die Beine warfen.
Du beseitigst die Fettnäpfchen, die sie für mich aufstellten.
Du fängst die Pfeile auf, die sie auf mich abschossen.

Du stellst ein Nagelbrett auf, wenn ich mich ins warme Bett legen möchte.
Du versperrst die Ausgänge, wenn ich nur meine eigene Freiheit suche.
Du bindest meine Ellenbogen fest, wenn ich sie gebrauchen will.
Du ziehst mir die Schuhe aus, wenn ich aufgehört habe zu staunen.

Ja, du mußt mich ganz gut kennen – und trotzdem sehr, sehr lieben.
Ich bewundere dich, mein Gott.

Kollektengebet

Gott des Lebens und der Hoffnung, wir suchen bei dir Schutz vor uns selbst und unseren erkennbaren und verborgenen Begehrlichkeiten. Hilf uns, all dem, was uns von innen her kaputtmacht, mutig und im Vertrauen auf deinen guten Geist entgegenzutreten durch Jesus Christus, deinen lieben Sohn, unseren Bruder und Herrn.

Schlußgebet

Du hast schon mit uns angefangen, als wir es noch nicht wußten. Du hast das Datum gesetzt, von dem wir ausgehen können: die Taufe, deine Berufung für uns, auf die wir uns nun berufen. – Wir danken dir für diesen Beginn und bitten heute: Hindere uns daran, deinen Einsatz zu verspielen. Befähige uns zur Selbstkritik gegenüber unseren blinden Flecken. Schärfe unseren Geist, damit wir das Verstricktsein in eine Welt des Habenwollens besser durchschauen. Löse uns aus den Fesseln des Konsum- und Wegwerf-Denkens. Ermutige uns, wenn wir vor den Übermächten und ihren Zwängen resignieren wollen, dennoch den Mund aufzumachen und uns einzumischen. Befreie uns zur eigenen Bescheidenheit und zur Umkehr inmitten des Alltags. Schenke uns den Geist der Sorglosigkeit, die alle guten und vollkommenen Gaben allein von dir erwartet und fröhlich dem Nächsten zuwendet.

Vorschlag zur Predigt

Mögliche Einleitung

Mitte der sechziger Jahre kam – wohl aus dem Juristen-Deutsch – bei uns eine eigenartige Redewendung auf, die inzwischen zu zweifelhafter Beliebtheit gelangt ist: »Ich ging davon aus ...« Meistens hört man das von Politikern oder anderen in der Öffentlichkeit angegriffenen Personen, und zwar als Anfang einer Selbstverteidigung. »Ich ging davon aus ...« heißt so viel wie: Das dürft Ihr nicht in Zweifel ziehen; alles andere hat sich für mich zwangsläufig daraus ergeben, ohne daß ich etwas ändern konnte. »Ich ging davon aus« – das steht absolut fest wie der erste Punkt einer Linie, wie der Startpunkt eines Weges. Zu diesem Ausgangspunkt, der nicht mehr hinterfragbar ist, stehe ich und erwarte von jedem, mir das abzunehmen.

Diese Redewendung, so durchsichtigen Zwecken sie auch meistens zu dienen hat, könnten wir Christen einmal positiv übernehmen und anwenden. Jeder von uns darf, wenn der eigene Christenstand in Zweifel gezogen oder von ihm selbst als fragwürdig betrachtet wird, davon Gebrauch machen: Ich gehe davon aus, daß ich getaufter Christ bin. Punkt. Ja, noch genauer: Ich gehe davon aus, daß ich – wie der Jakobusbrief sagt – »geboren bin durch das Wort der Wahrheit«, also nach meiner leiblichen Geburt noch einmal neu- oder wiedergeboren durch den Glauben. Noch genauer: Ich gehe davon aus, daß dies ein Schöpfungsakt Gottes ist, durch den ich, der stinknormale Mensch, ein neuer Mensch geworden bin. Ihr anderen mögt das anzweifeln, vielleicht, wahrscheinlich sogar mit guten Gründen; aber zunächst einmal nehmt mir das bitte ab: Ich verstehe mich als einen, der von Christus her lebt. Und ich berufe mich darauf, daß dieses neue und eigentliche Leben »von oben« kommt, von Gott, und nicht in mir selbst seinen Ursprung hat. Paulus, mit dem der Jakobusbrief insofern ganz einig geht, sagt: »Ich lebe, doch eigentlich nicht ich, sondern Christus lebt in mir«, und er sagt: »Ist jemand in Christus, so ist er eine neue Schöpfung«.

Ich gehe davon aus. Aber wohin gehe ich nun? Und wie gehe ich eigentlich weiter? Genau das beschäftigt den Mann, der den Jakobus-Brief eine Generation nach Paulus geschrieben hat.

Weiterer Verlauf: Zwei Varianten

A) Es wird über die Diskrepanz zwischen dem Anspruchs- und dem Erscheinungsbild von uns Christen gesprochen. Wir sind nicht so, wie wir als die neue Schöpfung sein sollten: voller Vertrauen und überlegener Güte, geduldig, versöhnlich, tolerant, auch in traurigen, verzweifelten Lagen nicht ohne Hoffnung. Dagegen: zänkisch, ängstlich, kleingläubig, anpasserisch, untröstlich usw. (Hier ließe sich der eine oder andere Begriff mit einem Beispiel belegen.) Diese Diskrepanz läßt das Bild, das Christen und Kirche abgeben, verwackeln. Sie werden an dem Anspruch gemessen, der sich von Christus her ergibt, obgleich das eigentlich falsch ist, weil es einem gesetzlichen Vergleichsdenken entspricht und unterschlägt, daß Christen zwar begnadigt, aber eben begnadigte Sünder sind.

B) Es wird kritisch auf das Thema »Begierden« eingegangen. Sie hindern uns mit Sicherheit, unsere »Neuschöpfung« zu verwirklichen. Zwar sind sie uns eingestiftet als lebenserhaltende Kräfte: Hunger, Durst, Frieren, Sexualität, Fleiß, Ausdauer usf. Jedoch in dem Augenblick, wo sie sich verselbständigen und über das zur Existenzsicherung Notwendige hinausgehen, kehren sie gleichsam ihre Wirkung um, führen sie auf Dauer nicht zum Leben, sondern zum Tod. Sinnvoll-Lebenserhaltendes wird zu Sinnlos-Lebenzerstörendem.
Daß dies nicht nur an individuellen Lebensläufen aufweisbar ist, läßt sich – additiv oder alternativ – an Beispielen dafür nachweisen, wie wir die Selbstvernichtung der Menschheit regelrecht proben: Ramstein, Export von Chemiewaffen-Fabiken, unsichere Ölbohrinseln und Atomkraftwerke, Tiefflüge usf.
So wird der Tod aus einem schöpfungsmäßig-natürlichen Absterben zu einem großenteils selbst-bereiteten Ende, kein »blindes Schicksal«, sondern eine wohlerworbene »Quittung«, ja bei vielen sogar in einer Todessehnsucht heimlich Erstrebtes und durch die gierige, süchtige Lebensart regelrecht Herbeigeführtes.

Möglicher Schluß
Wenn unsere Art, mit dieser Welt und uns selbst umzugehen, Züge der versuchten Selbstzerstörung trägt: Wie kommen wir da heraus, sofern wir es wollen? Schaffen wir es, den fundamentalen Widerspruch zwischen unserem »Christenstand«, dem »Sein als neue Schöpfung« einerseits und der selbstmörderischen Lebensweise andererseits zu überwinden?
Ein Ausweg bleibt uns versperrt: Gott für das Übertreiben unserer an sich vernünftigen Begierden verantwortlich zu machen. Die dümmliche Redeweise: »Wie kann Gott das zulassen?« ist so überholt wie ein mechanistisches Gottesbild: daß sich alles, was an für uns Gutem wie Bösem geschieht, wie von ihm perfekt gesteuert abspielt. Gerade umgekehrt wird ein Schuh draus: Gott macht uns für diese Welt und unser Leben voll ver-

antwortlich. Aber das verschärft unseren Konflikt und rückt ihn erst recht ins Licht des Endgültigen und Unausweichlichen, indem ein Selbstbetrug – zu dem wir ja besonders neigen – ausgeschlossen ist.
Wo also liegt die Lösung? Wie kommen wir zu einem erwachsenen Leben, das den Glauben, die Religion nicht als Alibi für das eigene Versagen mißbraucht? – Die Antwort ist einfach, aber nicht leicht; sie steht am Anfang und am Schluß des Abschnitts aus dem Jakobusbrief: Wer Gott liebt, also nicht nur eben glaubt, daß es ihn gibt, nein, wer ihn wirklich liebhat (Luther sagt: Gott über alle Dinge fürchten, lieben und vertrauen), der gewinnt daraus die Kraft, den Versuchungen zu widerstehen. Und nicht nur das: der gewinnt auch die verheißene »Krone des Lebens«, desselben Lebens, das ihm in der Taufe – gleichsam als Anzahlung – mitgegeben ist und von dem wir ausgehen, dann aber am Ende in vollendeter Schönheit.
Mit den Konsequenzen für unseren Alltag aber verhält es sich so: Wenn ich etwas für unbedingt wichtig halte – etwa die Liebe zu einem Menschen –, dann bereitet es mir keine Probleme, in mir und von mir alles auszublenden und abzustreifen, was dieses überaus Wichtige beeinträchtigen könnte. Halte ich dies aber nicht mehr für mein Leben notwendig, werden andere Interessen und Bindungen sich bald einstellen. So also setzt die Liebe – was oft vergessen wird – Prioritäten, aus denen sich unser Verhalten bestimmt. Das ist keine Sache der Theorie, sondern der Praxis. »Seid Täter des Wortes und nicht Hörer allein«, ruft deshalb der Jakobusbrief der Gemeinde zu.
Anders ausgedrückt: Aus der Liebe zu Gott – der Antwort auf seine Liebe zu uns – folgt die Liebe zu seiner Schöpfung. Diese Liebe tritt aber nicht an die Stelle der Liebe zu Gott, sonst würde ja seine Schöpfung, also die Welt, an die erste Stelle bei uns rücken. (Nebenbei gesagt: Genau hier liegt der fundamentale Unterschied zwischen Christentum und Humanismus: daß Gott nicht Gott bleibt, sondern zugunsten der Schöpfung an die zweite oder eine andere Stelle unserer Weltrangliste rutscht.) Nur die in Christus erschienene und wieder auf Rang eins gerückte Gottesliebe – im doppelten Sinne: als Liebe von Gott und als Liebe zu ihm – vermag uns widerstandsfähig zu machen, um das »nein« zur Selbstzerstörung unseres Lebens und der gesamten Schöpfung durchzuhalten. Und um dieses Nein in unserem Alltag wenigstens ansatzweise und zeichenhaft zu verwirklichen, selbst wenn es etwas – und mitunter sogar viel – kostet. Denn es kommt aus dem tiefen und wunderbaren Ja dessen, der uns von Ewigkeit her geliebt hat und uns täglich »aus dem Wort der Wahrheit« erneuert.

Kontext

Die psychische Funktion der Leidenschaften, Erich Fromm, in: Anatomie der menschlichen Destruktivität, Stuttgart 1974, S. 240f.:

Um zu überleben, muß der Mensch seine körperlichen Bedürfnisse befriedigen, und seine Instinkte motivieren ihn, so zu handeln, wie es seinem Überleben förderlich ist. Würde sein Verhalten hauptsächlich durch seine Instinkte motiviert, so hätte er keine besonderen Lebensprobleme und wäre »eine zufriedene Kuh«, vorausgesetzt, daß ihm reichlich Nahrung zur Verfügung stünde. Was aber den Menschen angeht, so macht ihn die Befriedigung seiner organischen Triebe allein nicht glücklich, und sie garantiert auch nicht sein Wohlbefinden. Sein Problem wird auch nicht damit gelöst, daß er zunächst seine körperlichen Bedürfnisse befriedigt und dann, als eine Art Luxus, seine charakterbedingten Leidenschaften entwickelt. Letztere sind von allem Anfang an in seinem Dasein vorhanden und haben oft größere Macht als seine organischen Triebe. – Wenn wir uns individuelles Verhalten und Massenverhalten näher ansehen, so finden wir, daß das Verlangen, Hunger und Sex zu befriedigen, menschliches Verhalten nur zum kleinen Teil motiviert. Die Hauptmotivationen des Menschen sind seine rationalen und irrationalen Leidenschaften: das Streben nach Liebe, Zärtlichkeit, Solidarität, Freiheit und Wahrheit sowie der Trieb, zu beherrschen, zu unterwerfen, zu zerstören; Narzismus, Gier, Neid und Ehrgeiz. Diese Leidenschaften sind seine Triebfedern und die Quelle seiner Erregung; sie sind nicht nur der Stoff, aus dem die Träume gemacht sind, sondern ihnen entstammen auch alle Religionen und Mythen, Drama und Kunst – kurz alles, was dem Leben Bedeutung verleiht und es lebenswert macht. Menschen, die von diesen Leidenschaften motiviert sind, riskieren ihr Leben. Und sie mögen Selbstmord begehen, wenn sie das Ziel ihrer Leidenschaft nicht erlangen; aber sie begehen keinen Selbstmord, weil es ihnen an sexueller Befriedigung fehlt, und noch nicht einmal, weil sie am Verhungern sind. Doch die Macht der menschlichen Leidenschaft ist dieselbe, ob nun Haß oder Liebe die Triebfeder ist.
Und ders. Anm. 32 auf S. 240: Der Mensch ist nie so stark determiniert, daß nicht, beeinflußt von gewissen Ereignissen und Erlebnissen, zu irgendeinem Zeitpunkt seines Lebens eine grundsätzliche Wandlung mit ihm vorgehen könnte. Sein lebensbejahendes Potential ist nie völlig erstorben, und es läßt sich nie voraussagen, daß es nicht wieder lebendig wird. Aus diesem Grunde kann es auch zu einer echten Bekehrung (Reue) kommen. Wollte ich diese These beweisen, müßte ich ein eigenes Buch darüber schreiben. Ich will mich hier nur auf das reiche Material über die tiefgreifenden Veränderungen beziehen, die in der psychoanalytischen Therapie vorkommen können, und auf die vielen ›radikalen‹ Wandlungen, die ›spontan‹ erfolgen. Der eindrucksvollste Beweis dafür, daß die Umwelt zwar zu bestimmten Haltungen geneigt macht, den Menschen aber nicht *determiniert*, ist in der Geschichte zu finden. Selbst in den lasterhaftesten Gesellschaften hat es immer hervorragende Persönlichkeiten gegeben, die die höchste Form menschlicher Existenz verkörpern. Einige von ihnen haben sich zu Sprechern der Menschheit gemacht, zu ihren ›Erlösern‹, ohne die der Mensch vielleicht sein Ziel aus den Augen verloren hätte; andere sind unbekannt geblieben. Es waren die, auf die sich die jüdische Legende von den 36 Gerechten bezieht, deren Existenz den Fortbestand der Menschheit gewährleistet.

Paralipomena

Nun müßte man noch einmal mit Fromm »fromm« reden, mehr von ihm lernen, ihn aber auch fragen, was »Sünde« für ihn sei. Außerdem fehlt mir bei mir noch die Auseinandersetzung mit der 6. Bitte des Vaterunsers, zu deren Erklärung Luther sagt: »Gott versucht zwar niemand ...« Verändert er nicht damit selbst – im Sinne von Jak 1,13 – diese Bitte sachgerecht – ?

Reminiscere

Predigttext: Hebräer 11,1–2;8–11(13–16)
Christel Schibilsky

Theologisch-homiletische Skizze

Die nach der letzten Perikopenrevision erfolgte Reduzierung des Predigttextes auf die Verse 8–10 wird dem Anliegen von Hebräer 11 nicht gerecht. Warum wird denn überhaupt an Abraham erinnert? Ich soll über den Hebräerbrief predigen und nicht über die alttestamentliche Erzählung. Und wenn der Verfasser des Hebräerbriefes es wichtig findet, nicht Abraham, sondern auch Sara in die Wolke der Zeugen aufzunehmen, dann ist es mir erst recht wichtig, Sara nicht zu verschweigen.

Für den Synodalbeschluß der Evangelischen Kirche im Rheinland »Zur Erneuerung des Verhältnisses von Christen und Juden« (Januar 1980) und die anschließende kontroverse exegetische Diskussion hat Hebräer 11 eine entscheidende Rolle gespielt, wenn auch vor allem Hebr 11,32–40. (Vgl. B. Klappert, H. Starck, Hg., Umkehr und Erneuerung. Erläuterungen zum Synodalbeschluß, Neukirchen 1980. Themen-Heft: Kerygma und Dogma 27/3, Juli/Sept. 1981. Klaus Haacker, Der Glaube im Hebräerbrief und die hermeneutische Bedeutung des Holocaust, ThZ 39 [1983].) Die Kontinuität des christlichen Glaubens zur Geschichte des Glaubens im Alten Bund ist aber auch für Hebr 11,8–11 wichtig, wenn auch nicht in der Zuspitzung einer Kontinuität von leidenden jüdischen Glaubenszeugen (der Makkabäerzeit und auch des Holocaust) und leidendem Christus. Jesus Christus ist – gerade auch für den Hebräerbrief – Anfänger und Vollender des Glaubens der christlichen Gemeinde. Aber die unbestreitbar christologischen Bezüge haben nicht die Funktion eines vom Judentum trennenden Kriteriums.

Der Text bietet noch weitere systematisch-theologische Anknüpfungspunkte: Die Hoffnung auf die »Stadt Gottes« bewegt Christen dazu, Orte mitzugestalten, wo Frieden und Gerechtigkeit anfangen, der Schwache und der Fremde Schutz finden, Menschen geschwisterlich miteinander leben und Wege zum Frieden suchen; wo Wohnungen der Träumer die Stadt der Macher verändern. (Themenstudien Bd. 2, Stuttgart 1978)

Die Verheißung des Reiches Gottes läßt die Frage nach der Zukunft der Welt und des Kosmos laut werden – und weist doch darüber hinaus.

Für meine Predigt in einer kleineren Ruhrgebietsstadt möchte ich den paränetischen Charakter des Hebräerbriefes in einer seelsorgerlichen Rede aufnehmen. Hier leben viele Menschen, deren familiäre Wurzeln nicht in dieser Region gewachsen sind. Sie sind zum großen Teil Opfer der industriellen Migrationsbewegung oder kriegsbedingter Vertreibung geworden. Sie zur Bereitschaft zur Mobilität und Flexibilität aufzurufen (wie es oft mit Hinweis auf Abrahams Aufbruch gepredigt wird), halte ich gerade angesichts solcher Forderungen von Industrie und Politik (Abbau der Arbeitsplätze) für unbarmherzig und auch falsch. Mein Thema ist »Heimat«, Zuhausesein. Der Glaube lebt im dialektischen Zusammenhang von Erinnern und Hoffen.

Vorschläge zur Liturgie

Zur Begrüßung am Beginn des Gottesdienstes

In diesem Gottesdienst geht es um das »Erinnern«:
»Erinnere dich, Gott, / Gedenke an deine Barmherzigkeit!« –
so heißt es im 25. Psalm, dem Psalm des Sonntags »Reminiscere«, d.h. übersetzt: »Gedenke«, »erinnere!«
Wir bitten Gott, sich zu erinnern, nicht zu vergessen – und das schließt ein, daß wir uns erinnern:
In der jetzt beginnenden Passionszeit erinnern wir uns an das Leiden und Sterben Jesu. Das Abendmahl ist Gedächtnis- und Hoffnungsfeier mit dem Auferstandenen.
Im Predigttext aus dem Hebräerbrief werden wir erinnert an unsere Mütter und Väter im Glauben, Christen werden getröstet mit den Glaubensbeispielen der jüdischen Verheißungsgeschichte. Und wenn wir diesen Gottesdienst feiern, dann erinnern wir uns daran, daß Gott schon mit Sara und Abraham mitgegangen ist, daß Jesus es gewagt hat, Gottes Verheißung zu leben, daß Gottes Heiliger Geist damals und heute Menschen ermutigt, ihre Hoffnung mit anderen zu teilen.
Deshalb beginnen wir: Im Namen des Vaters ...

Sündenbekenntnis

Gott, ich komme / ich bin da / und bringe so viel mit: / Die Unruhe des Alltags erfüllt mich noch / und die Erlebnisse der letzten Tage belasten mich noch – / und so manches, was schon lange zurückliegt.
Alles loslassen und unbeschwert feiern, / wem gelingt das schon!
Ich erinnere mich daran, / – was gewesen ist in der letzten Zeit /
– was mich belastet – manches schon lange – / worunter ich leide / – womit ich nicht zurechtkomme / – wo ich mich heimatlos fühle. /
Alles das bringe ich zu dir mit. / Du siehst mich, Gott, / nimm mich so an, / und nimm mir ab, / was es mir schwer macht, / jeden Tag mutig neu meinen Weg zu gehen. Amen.

Lesung

1. Joh 3,1–3, dazu aus: D. Sölle, Und ist noch nicht erschienen, was wir sein werden, dtv 1987, S. 7+8.

Lieder

Komm, bau ein Haus, tvd: Mein Liederbuch B83; Es kommt die Zeit, in der die Träume sich erfüllen, ebd., B 74; EKG 123, 197, 5, 52, 216.

Fürbittengebet

Gott, wir brauchen in unerem Leben ein Zuhause.

Deshalb bitten wir für Menschen bei uns und in anderen Ländern, die auf der Flucht sind und ein Zuhause suchen;
für alle Fremden unter uns, daß wir und unsere Gesellschaft mehr für ihre Integration tun;
für alle Menschen, die nicht zu Hause sein können, weil sie krank oder pflegebedürftig sind, daß unsere Krankenhäuser und Heime für sie zu Herbergen werden, wo sie sich geborgen fühlen;
für alle Menschen, die Angst haben müssen um ihre eigene Wohnung, weil Armut auch bei uns wieder um sich greift, versteckt und verschwiegen;
für alle Menschen, die sich schwer tun mit ihrer eigenen Familie, mit ihrer Nachbarschaft.
Gott, wir erinnern uns an die Verheißung, die du unseren Müttern und Vätern gegeben hast: Du selbst baust uns eine Stadt, wo alle Lebensrecht haben.
Deshalb bitten wir:
für unsere Stadt, in der wir wohnen und arbeiten, daß wir mithelfen, sie für alle Menschen bewohnbar zu machen;
für unsere Welt, daß sie Heimat aller Menschen, auch unserer Kinder, werden und bleiben kann und vor dem selbstverschuldeten Untergang bewahrt wird;
für alle Menschen, denen unsere Zivilisation unheimlich geworden ist und die deshalb träumen von einer Welt, die Heimat sein kann für Menschen, Tiere und Pflanzen.
Gott, wir halten fest an der Hoffnung auf dein Reich und vertrauen dir unsere Träume und Sehnsüchte an. Vater unser im Himmel ...

Segen
Und der Segen Gottes, / von Abraham und Sara, / Und der Friede des Sohnes, / der unsere Hoffnung ist, / Und die Liebe des Heiligen Geistes, / die uns Heimat finden läßt, – / Der Segen Gottes komme über euch / und bleibe bei euch / jetzt und allezeit / Amen.

Vorschläge zur Predigt
Möglicher Predigtanfang
Wie weit gehen eigentlich Ihre Erinnerungen zurück in Ihrer Lebensgeschichte? Haben Sie das einmal ausprobiert? Es ist erstaunlich, was mir alles einfällt, wenn ich mir etwas Zeit lasse, wenn meine Vergangenheit wieder lebendig wird. Meistens sind das Erinnerungen an Eltern, an die eigene Familie, an mein erstes Zuhause in der Kindheit. Für viele von uns ist es auch die Heimat mit ihrer Landschaft, Orten, Häusern, Gerüchen und Farben, Wind und Sonne, heute unerreichbar, aber manchmal ganz gegenwärtig.

Es ist wichtig, sich zu erinnern. Wer bin ich? Woher komme ich, was hat mich geprägt? Ohne meine Erinnerungen wäre ich nicht dieselbe: Ich habe meine unverwechselbare Geschichte. Das ist tröstlich und schön, hat aber für jeden von uns auch schmerzliche Seiten. Mich erinnern – das kann mich erleichtern und bereichern, das kann mich stärken. Und das gilt nicht nur für private Lebensgeschichten!
Diese Erfahrung möchte der Verfasser des Hebräerbriefes seinen Lesern vermitteln. Er will den Glauben dieser zweiten Christengeneration stärken, will der Resignation in einer schweren Zeit der Verfolgung Hoffnung entgegensetzen, will in einer ausweglosen Lage einen Weg zeigen, den Weg des treuen Glaubens.
Der Hebräerbrief will Christen in ihrem Glauben trösten; in ihrer Hoffnung auf Gottes Verheißung festmachen. Der Hebräerbrief erinnert seine damaligen Leser und uns an die Väter und Mütter im Glauben: von Abel an in einer langen Reihe bis hin zu den jüdischen Märtyrern der Makkabäerzeit. Ganz selbstverständlich wird an die gemeinsame Geschichte von Juden und Christen erinnert. Der gemeinsame Glaube an Gottes Verheißung ist das Verbindende. Nicht die Unterschiede sind wichtig. Nicht Abgrenzung ist sein Thema, sondern die Kontinuität, die Gemeinsamkeit von Juden und Christen als wanderndes Gottesvolk. Der Glaube an den Gott des Alten Testamentes und unser Glaube – das verbindet. Das ist hier entscheidend: »Sichfestmachen im Verheißenen und die Gewißheit von der neuen messianischen Welt Gottes, die noch nicht sichtbar ist.« (Klappert).
Diese Mütter und Väter im Glauben, diese gemeinsame Verheißung, diese Herkunft aus dem jüdischen Glauben haben Christen späterer Generationen (aus der Position der Stärke heraus) geleugnet und damit schweres Unrecht getan – bis es in unserer deutschen Geschichte vor 50 Jahren zum Verbrechen des Holocaust kommen konnte, wo jüdische Menschen gnadenlos ermordet wurden.
Christlicher Glaube schließt aber die Glaubenshaltung der Zeugen Israels mit ein. Die Geschiche von Abraham und Sara kennen wir ja: Die beiden hatten auf Geheiß und Verheißung ihres Gottes hin die Heimat verlassen, sie waren unterwegs, sie suchten ein von Gott verheißenes, neues Land, sie wurden Fremdlinge, die eine neue Heimat, ein Zuhause für sich und ihre erhoffte Nachkommenschaft suchten.
Gut finde ich, daß hier nicht nur Abrahams Glaubensstärke herausgestrichen wird, daß auch Saras Glaube so selbstverständlich vorbildlich beurteilt wird! War nicht die Verheißung der Nachkommenschaft eigentlich an Sara gerichtet? Sie war dazu auserwählt, das Gottesvolk zur Welt zu bringen. Ihr Sohn Isaak sollte der rechmäßige Erbe sein, obwohl Abraham doch schon einen anderen erstgeborenen Sohn mit Hagar hatte. – Allerdings, Sara – und das wird noch heute von Theologen mißbilligend ver-

merkt – lachte, als ihre späte Schwangerschaft angekündigt wurde. Sara lachte! Na und? Menschlich verständlich ist es. Glauben und Zweifeln liegen dicht nebeneinander – nicht nur bei Sara, auch bei Abraham, auch bei den Christen damals, auch bei mir.

Wichtige, überraschende Dinge brauchen Zeit. Das neue Leben braucht Zeit, um aufgenommen, ausgetragen und zur Welt gebracht zu werden.

Denn vorbildlich sind beide durch ihren Glauben: Sie haben sich eingelassen auf Gott und hingelebt auf seine Verheißung. Auch Sara hat ihre Träume nicht verraten. Sie hat dieses Kind ja dann bald empfangen, sie brauchte einfach Zeit, wo sie so lange vergeblich gewartet hatte, wo doch nach menschlichem Ermessen keine Hoffnung mehr sein konnte – da brauchte Sara einfach Zeit –, sicher auch, um sich von dem Schrecken und der Zumutung zu erholen.

Wir werden erinnert:

Mütter und Väter im Glauben – Sara und Abraham – sie waren auf dem Weg zu Gottes Verheißung.

Zum weiteren Verlauf

Wir sind auf dem Weg: das Volk Gottes und jeder einzelne in seiner Lebensgeschichte: aus unsichtbaren Räumen der Geborgenheit, dem Bauch und Schoß der Mutter herausgewachsen, versuche ich, Heimat zu finden in dieser Welt, Vertrauen zu gewinnen zu Menschen, zu mir selbst, in die Welt.

Ich finde meinen Platz, nicht ein für allemal. Immer wieder bin ich unterwegs auf der Suche. Das hängt nicht immer an einem Ortswechsel! Durchaus nicht! Vielleicht liegt Verheißung bei mir gerade im Bleiben?

Meine Lebensreise werde auch ich einmal beenden. Und da wird es wichtig sein, meine Träume und Hoffnungen nicht vergessen oder verraten zu haben. Verwirklichen werde ich sie nie ganz können, aber ich möchte nie den Mut verlieren, zu suchen

- nach der Aufgabe, die gerade mir gestellt ist,
- nach Menschen, zu denen ich gehöre;
- wie ich der Vision von einem geglückten menschlichen Leben vertrauen kann.

Wenn ich ein Zuhause habe, kann ich auch wirklich Abschied nehmen – und in der Heimat ankommen.

In mir ist eine Sehnsucht – und wohl in jedem Menschen, vielleicht ganz verschüttet; in mir ist eine Sehnsucht nach Heilsein und Angenommensein, die über mein Erleben und Verstehen weit hinausgeht; eine unverwüstliche Sehnsucht nach »etwas, das allen in die Kindheit scheint und worin noch niemand war: Heimat« – so hat es der Philosoph Ernst Bloch einmal gesagt.

Möglicher Schluß

Zuhause bin ich da, wo ich Raum zum Leben habe; Luft zum Atmen, Bewegungsspielraum; wo ich nicht gewaltsam bedroht werde, nicht von außen und nicht von innen.
Zuhause bin ich da, wo ich einfach dasein und es mit mir aushalten kann, wo ich vertraut bin, vertrauen kann und die Angst vergeht.
Zuhause bin ich da, wo ich mit anderen zusammengehöre, wo Menschen für mich da sind und ich für sie da bin.
Zuhause bin ich da, wo ich nicht nur ertragen muß, wo ich erwünscht bin.
Zuhause bin ich da, wo ich nicht immer festhalten muß, wo ich auch loslassen, fortgehen und wiederkommen kann.
Zuhause sein kann ich manchmal in der Fremde, auf der Flucht, wenn ich dankbar bin, daß ich noch lebe.
Zuhause bin ich da, wo ich unterwegs bin mit anderen, um Überlebensraum zu suchen.
Zuhause bin ich da, wo ich weiß: Gott will, daß ich lebe.
Und deshalb rühren uns die Mütter- und Vätergeschichten auch so an und wecken unsere Sehnsucht:
Diese Erinnerung an Menschen: glücklich und doch immer wieder enttäuscht, unterwegs und nie angekommen – und doch gilt ihnen Gottes Verheißung.
Und deshalb rührt uns auch die Erinnerung an die Geschichte von Jesus so an und weckt unsere Sehnsucht:
Diese Geschichte von dem neugeborenen Kind, in Armut und Not geboren, gewaltsam bedroht, in die Flucht geschlagen.
Diese Geschichte von Jesus, dem Menschensohn, in dem Gott menschlich war, der Menschen im Lichte Gottes gesehen hat, nicht nur im Lichte ihrer guten Möglichkeiten, sondern auch im Licht ihrer schrecklichen Möglichkeiten, in ihrem Leid und ihrer Schuld – und nichts ausgeschlossen hat aus der verheißenen Zukunft Gottes.
Deshalb weckt diese Geschichte unsere Hoffnung, diese Geschichte von Jesus, in dem Gott Heimat sucht in dieser Welt und uns verheißt: Wir sind zu Hause.

Kontexte

»Selbstverständlich bedeutet Glaube ... nicht ein Fürwahrhalten unbeweisbarer Behauptungen. In jeder Religion bedeutet er das nie und sollte auch nie in diesem Sinne mißbraucht werden. Nein, Glaube bedeutet ein Ergriffensein von einer Macht, die stärker ist als wir, von einer Macht, die uns aufrüttelt und umwirft, umwandelt und heilt.« (Paul Tillich, Das Neue Sein, in: Die Neue Wirklichkeit, S. 100).

»Aber muß man deshalb leugnen, daß es eine Fülle von Bildern, Vorstellungen, Sehnsüchten und Erwartungen gibt, die im Menschen selbst wesentlich angelegt sind und die, theologisch gesehen, den Menschen gerade mit Gott verbinden, weil sie nur im Raum des Absoluten zu ihrer Erfüllung gelangen können?« (Eugen Drewermann, Tiefenpsychologie und Exegese II, Olten 1985, S. 504).

»Höre, du Heidenkind aus den Urwäldern der Großstädte, aus den unterentwickelten Ländern der Zivilisation und der verlorenen Kriege! Abraham ist dein Vater und Sara deine Mutter. Denn Abraham glaubte und die treue Ehefrau lachte, damit der werdende Vater nicht komisch aussähe, sondern ernsthaft im Glauben. Geglaubt hat Sara auch, wie unser Brief bestätigt. Nur glauben die Mütter anders, glauben wie in Sarepta die Witwe (1. Kön 17,7ff., CS), die, das Ende vor Augen, Holz auflas und das Brot auf den Tisch brachte: was meinst du, wieviel Söhne die kriegen wird? Söhne, denen aufgeht, daß auch sie Mütter im Glauben haben? ... Ich beglückwünsche dich, Heidenkind, zu deinem musikalischen Hinterkopf voller Sagen und Lieder, die von Vätern und Müttern wissen, die glauben! Denn solche Väter und Mütter brauchst du, damit du den Glauben lernen kannst. Der Glaube ist zwar da durch den Sohn. Aber zum Glauben helfen uns andere, die im Glauben vorausgingen, die wir Väter und Mütter nennen, weil sie uns helfen, ja erziehen zum Glauben. Da geht der Hebräerbrief so weit, daß er die christliche Gemeinde tröstet mit dem sichtbaren Glauben der Väter und Mütter im alten Bund, die doch die Verheißung nur von ferne sahen!« (Lothar Steiger, Erzählter Glaube, Gütersloh 1978, S. 123f.).

»Der Mensch ist ja ein Gottesbeweis. Ich meine die Tatsache, daß wir alle eigentlich wissen – auch wenn wir es nicht zugeben – daß wir hier auf der Erde nicht zu Hause sind, nicht ganz zu Hause. Daß wir also noch woanders hingehören und von woanders herkommen. Ich kann mir keinen Menschen vorstellen, der sich nicht – jedenfalls zeitweise, stundenweise, tageweise oder auch nur augenblicksweise – klar darüber wird, daß er nicht ganz auf diese Erde gehört.« (Heinrich Böll, zit. n. Publik-Forum 1988)

Oculi

Predigttext: 1. Könige 19,1–8(9–13a)

Karl-Heinz Ronecker

Theologisch-homiletische Skizze

1. Die Eliageschichten in 1. Kg 17–19 sind »Bewahrungsgeschichten«, eingefügt in einen »Katastrophenrahmen« (v. Löwenclau GPM 38 S. 153). Es geht um Ankündigung und Hereinbrechen einer Dürre. In dem allem aber findet die Auseinandersetzung mit dem Baalskult statt. Dabei steht auf dem Spiel, was der Name des Propheten sagt: »Mein Gott ist Jahwe«.

2. Die Perikope ist durch die Verse 1 und 2 mit dem Kranz der vorhergehenden Erzählungen verbunden. Von Rad sieht in ihr so etwas wie eine Parallele zur Karmelgeschichte 1. Kg 18,17ff. »... auch sie geht von der verzweifelten Lage des Jahwekultes aus, und auch sie berichtet von einer Offenbarung Jahwes und endet mit einem Strafgericht, dessen Vollzug allerdings ... nur angekündigt wird.« (Theologie des AT II S. 36)

3. Der Abschnitt ist »aus verschiedenen kleinen Einheiten zusammengesetzt.« (Thiel in Gottesdienstpraxis VI/ 4) Diese fügen sich in der Redaktion jedoch gut zusammen. M.E. müssen die Verse 9–15a unbedingt hinzugenommen werden, freilich ohne die Doublette 9b–11a. »Ursprünglich erlebte Elia erst die Theophanie und trug danach Gott die Klage vor.« (Thiel)

4. Auffällig sind die Parallelen zur Mosegeschichte. Vgl. u.a. Ex. 33,22; Dtn 9,18ff. 25ff.

5. »Unter den älteren Auslegern des 20. Jahrhunderts sind nicht wenige der Meinung, daß sich Kapitel 19 nicht mit Kapitel 18 vertrage«. (Fichtner BAT z.St.) Gerade diese Spannung ist mir jedoch für die seelsorgerliche Seite der Predigt wichtig: Es gibt einen Abstieg vom Berg der Verklärung! Auch der »festeste Glaube und der am tiefsten gegründete Auftrag« (Fichtner S. 281) sind nicht sicher vor dem Zusammenbruch. Die Linie der verzweifelten Klagen zieht sich von Mose über unsere Verse und die späteren Propheten bis nach Gethsemane.

6. Unser Abschnitt wird verschieden gegliedert. Stuhlmann (Pr.St. VI, 1983) empfiehlt: Abstieg vom Gipfel (1–4), Auferweckung zum Leben (5–8), Gotteserfahrung in der Abwesenheit Gottes (9–13a), Gottes Ohr und Gottes Auftrag (13b–15). Ich schlage vor: Der fremde Elia (18,21–40), der nahe Elia (19,1–5a), der ermutigte Elia (19,5b–9a), der beauftragte Elia (9,13a–15a).
Besonders eingeleuchtet hat mir der Hinweis von Ebach (Gottesdienstpraxis 1983, Band 4) auf die Verben in den Versen 3–7. An ihnen läßt sich die innere Dynamik des Geschehens ablesen. (Er fürchtete sich – er stand auf – er ging – er kam – er ließ zurück – er ging – er kam an – er aß – er trank – er ging).

7. Ob die Theophanie eine Kritik am Verhalten Elias übt, ist fraglich. Eher enthält sie eine Polemik gegen die Umweltgötter. Dennoch macht die »Stimme eines verschwebenden Schweigens« (M. Buber), die Stimme einer »lautlosen Stille« (R. Stuhlmann), die »Stimme eines feinen Schweigens« (v. Rad) die Sache für Elia nicht nur unheimlicher (v. Rad). Es könnte ihm auch gezeigt werden, »daß fortan nicht die gewaltigen, elementaren ... Manifestationen Gottes die Geschichte seines Volkes bestimmen werden, sondern das stille, ohne Macht auftretende Wort, das Gottes Bote auszurichten hat.« (Westermann, Tausend Jahre und ein Tag, S. 151)

Vorschläge zur Liturgie

Lieder

181, 1–3.7; 188, 4; 205, 1–3.6; Manchmal kennen wir Gottes Willen, manchmal kennen wir nichts. Anhang 77, 618; 345,5.

Eingangspsalm

Psalm 27,1–6a.7.12–14

Gnadenwort

Jesaja 35,3f. (Stärkt die müden Hände ...)
Jesaja 40,25ff. (Er gibt den Müden Kraft)

Gebete

Gott, zu dir rufe ich in der Frühe des Tages. / Hilf mit beten / und meine Gedanken sammeln zu dir; / ich kann es nicht allein.
In mir ist es finster, aber bei dir ist das Licht; / ich bin einsam, aber du verläßt mich nicht; / ich bin kleinmütig, aber bei dir ist die Hilfe; / ich bin unruhig, aber bei dir ist der Friede; / in mir ist Bitterkeit, aber bei dir ist die Geduld; / ich verstehe deine Wege oft nicht, aber du weißt den Weg für mich.
(D. Bonhoeffer)

Vater im Himmel / die Entscheidung ist gefallen / du hast alle Macht im Himmel und auf Erden / unverdient haben wir daran teil / laß uns das glauben in allem, was uns erschrecken und durcheinanderbringen will / in allem, was uns zu schaffen macht / in allen Verlegenheiten und Schwierigkeiten.
Hilf uns zu glauben, / daß der Sieg dir nicht entrissen werden kann. / Laß uns darum aufhören, / zu jammern und zu klagen, / als ob du nichts für uns getan hättest und wir noch immer alles selber tun müßten. / Wir bitten dich für alle, die auf einsamem Posten stehen. / Laß sie beharrlich sein / gib ihnen Menschen, die zu ihnen halten. / Wir bitten dich für alle müde Gewordenen, / für die Glaubensmüden und für die Lebensmüden. / Laß sie

erkennen, / daß sie nicht glauben müssen / und leben müssen, / sondern glauben dürfen / und leben dürfen / trotz aller Niederlagen getrost / trotz aller Schwachheit stark / trotz aller Enttäuschungen fröhlich / einfach, weil du da bist / und wohl weißt, wie du alles an dein Ziel bringst. / Herr, wir glauben, hilf unserem Unglauben. (n. Brüggemann, 40 Gebete, S. 54)

Bekenntnis
Als Bekenntnis eignen sich sehr gut Bonhoeffers bekannte »Glaubenssätze über das Walten Gottes in der Geschichte« (Ich glaube, daß Gott aus allem ... Gutes entstehen lassen kann und will).

Zur Predigt
Möglicher Anfang
»Elia hatte es satt«, schrieb Wilhelm Willms. »Was hatte er satt / das Leben hatte er satt / und er hatte die Mächtigen satt / und er hatte die Frommen satt, / die ihn im Stich ließen« – und Gott »ja, auch Gott hatte er satt«.
Was für ein schreiender Widerspruch zu den anderen uns von ihm bekannten Geschichten.
Vermutlich erinnern Sie sich.
Elia, schon der Name des Propheten war ein Programm: »Mein Gott ist Jahwe«. Das bedeutete zugleich eine Absage an alle anderen Götter, nicht zuletzt an den kanaanäischen Fruchtbarkeitsgott Baal. Dem hingen damals in Israel viele an.

Möglicher Fortgang
1. Mein Gott ist der Herr, mein Gott ist Jahwe. Dafür hat Elia gekämpft. Darum mußte er eine Dürre ankündigen, die auch alsbald hereinbrach. Darum wurde er erst am Bache Krith durch die Raben ... versorgt. Vor aller Augen sollte sichtbar werden, daß eben doch nur Gott der Herr geben kann, was man sich von Baal versprach: Erfolg, Nahrung, Lebenskraft.
Am Ende war auf Elias Gebet hin sogar Feuer vom Himmel gefallen und hatte das Opfer verzehrt ... Was für ein Triumph im Leben und im Glauben des Propheten!
Ich habe ihn dafür schon oft bewundert und beneidet.
Gott derart zu erleben ... zu erfahren, daß seine Kraft so unter uns sichtbar wird ... wie oft habe ich mir das gewünscht! Vielleicht geht es manchem unter Ihnen nicht anders.
Aber wir reichen nicht hin. Wir erfahren das nicht – zumindest nicht so. An dieser Stelle ist Elia meilenweit von uns entfernt. Doch noch etwas anderes macht ihn uns fremd. Während Jesus seine Jünger vor Menschenverachtung und Übereifer warnt, sorgt der Prophet dafür, daß die Baalspriester abgeschlachtet werden. »Zweifle nicht an dem, der dir sagt / er

hat Angst / aber habe Angst vor dem, der dir sagt, er kennt keinen Zweifel.« (Erich Fried)
So gesehen imponiert Elia nicht nur. Er kann auch erschrecken.

2. Dann aber rückt uns dieser fremde Mann mit einem Mal so nahe ... Elia, der starke Elia, kann plötzlich nicht mehr. Er ist am Ende. Alles, was bisher geschah, verliert seine Kraft. Elia sieht nur noch den Widerstand, und daß es ihm doch nicht gelungen ist, den Glauben endgültig in Israel zu befestigen. Er verzweifelt an seinen Möglichkeiten – und was noch schlimmer ist, an denen Gottes.
Unlängst schrieb jemand: »Ich versuche, mein Verhalten einem anderen gegenüber zu verändern. Ich weiß, ich bin im Unrecht. Dennoch bleibt alles beim alten. Es ist sinnlos, anders werden zu wollen. Ich möchte einen Menschen helfend begleiten. Ich unterstütze ihn, rate ihm. Er schlägt meine Hilfe aus und meine Ratschläge in den Wind. Ich gebe auf. Es hat doch keinen Zweck. Und Gott? Wenn ich mich schon nicht ändern kann, warum tut Gott es nicht? Wenn der andere meinen Rat zurückweist, warum schenkt Gott ihm keine Einsicht?« Ich könnte diese Sätze fast wörtlich nachsprechen.
Und dann ist da noch etwas. Wer wollte eigentlich nicht, daß diese Welt der Welt Gottes immer ähnlicher wird, und wer erlebt nicht beinahe jeden Tag das Gegenteil? Es gibt noch lange keinen Frieden zwischen den Völkern, zwischen Mensch und Natur ... Da kommt dann ebenfalls der Punkt, an dem einer aufschreien möchte: Ich habe es satt. Ich will nicht mehr, weil ich auch nicht mehr kann.

3. Damit beginnt unsere Geschichte erst eigentlich großartig zu werden. Denn Elia darf klagen. Er darf seine Verzweiflung hinausschreien, hier und am Ende der Geschichte noch einmal ... Elia darf auch schlafen. Er muß nicht ständig funktionieren. Kein Kommando schreckt ihn auf, weder ein Appell nach der Melodie: »Laßt die Herzen immer fröhlich« noch ein Aufruf zu mehr Entschlossenheit. Elia wird gestärkt, um schlafen zu können. »Die beste Brücke zwischen Verzweiflung und Hoffnung ist eine gut durchschlafene Nacht ...« Etwas von dieser Lebensweisheit finde ich auch in unserer Geschichte. Es geht hier überhaupt sehr menschlich und sehr warm zu.
Daß Gott ein Gott des Lebens ist, wird selten so sichtbar wie an dieser Stelle. Elia bekommt, was er jetzt braucht: ein paar Stunden Schlaf, eine Hand auf seiner Schulter, Brot gegen den Hunger, Wasser gegen den Durst. Für mich verbirgt sich hinter diesen Zeichen alles, was wir in verzweifelten Augenblicken füreinander tun können: das Lächeln, das Mut

macht; die Geste, die aufmuntert; der Besuch, der die Einsamkeit lindert; die Blumen, die erfreuen.

4. Zusammen mit alledem ergeht nun das Wort an Elia, das ihn erneut auf den Weg schickt. »Der Glaube ist nicht im Sein, sondern im Werden«, hat Martin Luther einmal gesagt. Das heißt: Wir haben oft nichts in der Hand, aber wir bleiben dennoch nicht stehen ... Ich habe den Eindruck, als würde z.Zt. der Wind der Kirche sehr ins Gesicht blasen. Sie steht vor einer Unzahl von Problemen. Sie wird beladen mit einer Fülle von Forderungen. Und sie ist oft selbst gespalten, uneins und gar nicht stark ... »Beten und Tun des Gerechten«, hat Dietrich Bonhoeffer gesagt. Das meint, sich Gott anvertrauen und dann tun, was heute nötig ist und wozu heute die Kräfte ausreichen, ohne Erfolgsgarantie, aber mit der Zusage, daß wir auch in der Dunkelheit nicht ohne Ihn sind.
Denn so lautet das Wort des Glaubens, der unsere Geschichte aufbewahrt und weitererzählt hat: Gott besitzt auch dort, wo wir am Ende sind, neue Möglichkeiten für uns. Darum lohnt es, weiter zu leben und weiter zu glauben. Nicht, weil wir unverbesserliche Optimisten wären, sondern weil dieser Gott auch uns auf unserem Weg entgegenkommen will.
Als das bei Elia geschah, kam es zu einer weiteren Überraschung. Gott war weder im Sturm noch im Feuer ... er war überhaupt nicht dort, wo wir ihn am liebsten suchen.
»Er wird nicht schreien noch rufen, und seine Stimme wird er nicht hören lassen auf den Straßen ...« (Jes 42,2), darum geht es auch hier.
An dieser Stelle möchte ich auf die Elia-Ikone hinweisen und auf die Passion ...

Möglicher Schluß
Gottes Stärke liegt nicht in der Gewalt, die zerstört, sondern in der Kraft, die trägt.
Das ist das letzte, wovon unsere Geschichte erzählt. Nach dem Feuer kam das Flüstern eines leisen Wehens. Da verhüllte Elia sein Angesicht. Er war am Ziel. Dort, wo er in Gottes Herz schauen konnte. Er sollte dabei jedoch nicht stehen bleiben. Elia erhielt einen Auftrag ... Der Hinreise zu Gott folgt, wie im gesamten biblischen Glauben, so auch in unserer Geschichte, die Rückreise zu den Menschen ...
Es gehört zu den Besonderheiten der biblischen Botschaft, daß Gott begegnet, vergibt und erneuert, indem er einen Auftrag erteilt. Darum werden auch wir aus diesem Gottesdienst nicht entlassen. Wir werden gesendet.
Das Wort der Sendung aber heißt: Was immer du von der Botschaft des Glaubens erkannt hast, es mag viel sein oder wenig – gehe hin, lebe es. Und fürchte dich nicht. So wie Gott mit Elia war, wird er auch mit dir sein.

Kontexte

1. Zu den Stichworten »Verzweiflung« und »Trost«

Wenn einer meint, unser Herrgott habe ihn verlassen, so halte er's dafür, er habe ihn in den Armen und herze ihn. (M. Luther)

... mit Anfechtung im eigentlichen Sinne meinen wir ein anderes, nämlich dies, daß der Glaube sich von dem, auf den er sich verläßt, verlassen sieht, daß also die Zusage, an die er sich hält, als ein Versagen, ja als eine Absage erfahren wird, Gottes Ja in ein Nein umschlägt, die Verheißung in Fluch ... Glaube in Verzweiflung«. (G. Ebeling, »Das Wesen des christlichen Glaubens« GTB 8, S. 165)

»Wohin aber sollte er entschwinden, der ins Nichts entschwindet, wenn nicht dahin, woher er kam? ... Darum kehrt zu Gott zurück, wer ins Nichts zurückkehrt. Denn es kann nicht etwa auch noch außerhalb der Hand Gottes fallen, wer außerhalb seiner selbst und aller Kreatur fällt ... Stürze also hindurch durch die Welt – wohin stürzest du dann? Doch in die Hand und in den Schoß Gottes.« (M. Luther, WA 5; 168)

»Die Unsichtbarkeit macht uns kaputt. Wenn wir nicht in unserem persönlichen Leben sehen können, daß Christus da war, dann wollen wir es wenigstens in Indien sehen, aber dies wahnwitzige, dauernde Zurückgeworfenwerden auf den unsichtbaren Gott selbst – das kann doch kein Mensch aushalten.« (D. Bonhoeffer, Brief vom 18. Okt. 1931).

Gottes Trost wird dort wirklich, wo unsere Hände so leer sind und das Herz so verzagt ist, daß seine Hilfe nicht mehr mit anderen Vertröstungen verwechselt werden kann. (S. Rothenberg, »Christsein« 1122)

Der nach-biblische Elias hatte nach seiner Himmelfahrt eine erstaunliche Wandlung durchgemacht. Die talmudische Legende beschreibt ihn als Freund und Gefährten aller, die der Freundschaft, des Trostes und der Hoffnung entbehren. Dem Zyniker bringt er Gewißheit; dem Wanderer einen Schimmer von Licht und Wärme. (E. Wiesel, »Von Gott gepackt«, S. 54)

2. Zum Stichwort »Schlaf«

Ruhet ein wenig. Markus 6,31

Man kann Gott auch durch Schlaf loben (Verfasser unbekannt).

So viele Menschen wollen ... nur eine Nacht im Halbschlaf, um möglichst schnell wach zu werden, wie die Tiere in der Steppe, die ihre Todfeinde in der Nacht erwarten. Aber es gibt auch die Angst vor den lebendigen Dunkelheiten in uns, denen gegenüber wir uns nur passiv, erleidend, verhalten können. Sehr viele andere Menschen wollen deshalb einen betäubenden Tiefschlaf, damit das Arbeiten der Nacht in uns möglichst verdrängt ... wird. Alle lange lebenden Gesellschaften zeigten sich

... alarmiert, wenn der Mensch nicht mehr schlafen, gut schlafen, gern schlafen konnte. Die großen Kulturen ... kennen den Heilschlaf. In der Spätantike, in der nervöse, von innerer Unrast erfüllte Menschen nicht mehr schlafen können, bauen die Tempel ihre Schlafhallen immer mehr aus.« (F. Heer, »Lob der sieben Tröstungen«, S. 72ff.)

3. Zum Stichwort »Weg«
Es ist vielleicht eine Überinterpretation, wenn man das Heraustreten aus der Höhle als eine Art Geboren-Werden versteht; in jedem Fall aber ist der, der aus der Höhle heraustritt, ein anderer als der, der vierzig Tage und Nächte wanderte ... Er ist am Ziel der Reise, Gott erscheint ihm und Gott spricht mit ihm. Im charakteristischen Unterschied zu vielen anderen religiösen Erfahrungen, die alles Gewicht auf die Hinreise legen, beginnt nun für Elia die Rückreise in die Welt: der politische Auftrag des Propheten wird erneuert, Elia versinkt nicht in Anbetung, gründet auch kein Kloster am heiligen Ort, sondern findet den Weg in diese Welt und für sie zurück ... Der biblische Gott ist die tiefste Regression, die wir brauchen, und zugleich der Prozeß wachsender Gerechtigkeit, er steht für das Sich-fallen-Lassen und die Anspannung, für die geöffnete Hände und für die geballte Faust ... Die falsche Arbeitsteilung, die Betende und Kämpfende spezialisiert und polarisiert, ist dann zu Ende, und wir werden den doppelten Gebrauch unserer Hände lernen. (D. Sölle, »Die Hinreise«, S. 89f.)

Was mir sonst noch einfiel:
1. Eine der eigenartigsten und schönsten Ikonen, die ich kenne, findet sich in J. Zink, »Erde, Feuer, Luft und Wasser«, S. 101.
Es ist eine russische Elia-Ikone aus dem 16. Jahrhundert.
Mitten in einem roten Kreis steht der Prophet auf einer leuchtenden, goldenen Scheibe. Die Pferde, die den Wagen ziehen, sind links nur schwach angedeutet. Rechts befindet sich Elia. Er breitet seine Arme aus, während sich der Prophetenmantel von der Schulter des Elia löst und ihm zufällt. Unter dieser Szene sehen wir Elia schlafend. Ein Engel neigt sich ihm zu. Rechts daneben, dicht beim »Wacholder«, so als sei es aus dem gleichen Holz gewachsen, steht das Kreuz. Eine kühne Perspektive!

2. W. Willms »der geerdete himmel«, 4.4: »elia / der prophet / hatte es satt / was hatte er satt / das leben hatte er satt / und er hatte die mächtigen satt / und er hatte die frommen satt / die ihn im stich ließen / ... / und dann / lief dieser elia weg / in die einsamkeit / in die wüste / und / er legte sich hin / unter einen strauch / auch gott hatte er satt / er hätte sich das leben nehmen können / aber er dachte / das leben nehmen / das wird das leben tun / ... / und er schlug die augen auf / und da war da jemand / wie gesagt / ein engel / der hatte da ein brot hingelegt / ein ganz frisches / auf dem heißen stein des lebens gebacken / und eine kanne wasser / ... / der engel, der weiter half / war ganz bescheiden / aber er war einer / einer / der hand und fuß hatte / der zeit hatte / der ein herz hatte / einer / der keinen aufgab / einer / der selbst brot und wasser / eiserne ration / gewesen sein muß / denn / bloß für'n stück brot / bloß für'n schluck wasser / wäre elia nicht aufgestanden.

Lätare

Predigttext: Jesaja 54,7–10
Klaus Schimpf

Theologisch-homiletische Skizze

Die Zeit des Strafens ist vorbei; jetzt ist die Zeit des Heils – so könnte die Quintessenz dieser Trostrede lauten (vgl. Exegese Bd. 4 z. Text). Die Trostrede des 2. Jesaja hat ihren geschichtlichen Ort in der späten Zeit des Exils. Die Heilszusage ist Antwort auf ein (liturgisches?) Klagegebet. Aus dem Charakter der Antwort kann man unschwer auf den Inhalt der Klage schließen. Sie könnte gelautet haben: »Herr, wie lange willst du mich so ganz vergessen? Wie lange verbirgst du dein Antlitz vor mir?« (Ps 13,2) Oder: »Warum willst du uns so ganz vergessen und uns lebenslang so ganz verlassen?« (Klgl 5,20) Die Situation der Verbannung und der Heimatlosigkeit, das Gefühl der Verlorenheit und des Ausgeliefertseins war unerträglich geworden. Der Schrei aus der Tiefe provoziert Jahwes Antwort.

Wer da klagt und wem damit Antwort zuteil wird, ist nicht eindeutig. Ist es Jerusalem? Sind es die Verbannten in Babylon? Ist es das Volk in seiner Zerrissenheit? Die Zusage »Ich will dich sammeln« (Vers 7) kann m.E. sowohl die Rückführung der Verbannten meinen als auch die Wiedervereinigung des ganzen Volkes.

Der an anderen Stellen von den Profeten betonte Kausalzusammenhang von Schuld und Strafe wird hier – und im ganzen Kap. 54 – nicht hergestellt. Von der Schuld Israels, die der Grund seines aktuellen Leidens ist, wird nicht geredet. Jahwe behaftet sein Volk nicht bei seiner Vergangenheit. Von dem, was war, ist nur im Blick auf Jahwe selbst etwas gesagt. »Ich habe dich einen kleinen Augenblick verlassen ... Ich habe mein Angesicht im Augenblick des Zorns ein wenig vor dir verborgen.« Von dem, was sein wird, ist in Form eines Schwures, einer eidesstattlichen Erklärung die Rede, die Jahwe selbst abgibt: Er selbst wird keine Katastrophe mehr heraufführen (Vers 9); seine ewige Gnade und der Bund seines Friedens werden selbst Katastrophen größten Ausmaßes überdauern (Vers 10).

Es ist also nur noch von Jahwe die Rede, »von *seinem* Zorn und *seiner* Abwendung, von *seinem* Verlassen – und von *seiner* Wende.« (vgl. Exegese zum Text). Damit ist ein Schlußpunkt gesetzt unter die gemeinsame Vergangenheit. Das Andere, das Neue, die Zukunft, das Heil, dies alles hat seinen Ursprung in Jahwe selbst. Über die Motive Jahwes wird nichts gesagt. Es ist weder die etwas resignative Treue des Schöpfers zu seinem Geschöpf wie beim Noahbund (Gen 8,21f.), noch ist es das zum befreienden Handeln motivierende Mitleid mit dem klagenden Volk unter der ägyptischen Fronknechtschaft (Ex 3,7f), noch ist es der Gedanke, das Volk habe nun genug Buße getan für seine Sünden (Jes 40,2). Die Heilszusage, die Israel »in der tiefsten Nacht seiner Geschichte trifft« (W. Zimmerli), wird nicht begründet.

C. Westermann hat darauf hingewiesen: »Wir sind genötigt, ohne Rückhalt zu sagen: diese Verheißung ist im nachexilischen Israel nicht erfüllt worden.« (ATD z.St.) Mehr noch; Israel ist nach dem babylonischen Exil in viele tiefe Nächte geführt worden bis hin in die allertiefste Tiefe, die Nacht des Holocaust. Und wer wollte die Ungeheuerlichkeit begehen zu behaupten, Auschwitz sei ein Ausdruck des Zornes Gottes gewesen.

Wenn ich davon ausgehe, daß die Trostrede des 2. Jesaja vor dem Hintergrund der nachfolgenden historischen Ereignisse – eben auch bis zum Holocaust – mehr ist als eine zwar gut gemeinte, aber doch leere Phrase, dann kann ich in der Heilszusage nur die Ansage einer anderen, neuen Qualität der Zuwendung Gottes zu seinem Volk sehen. Seine Barmherzigkeit hat seinen gerechten und gerechtfertigten Zorn überwunden. Die Leidenschaft Jahwes für sein Volk, seine nur in ihm selbst begründete Liebe kennt zuerst und vor allem die Solidarität und nicht das Gegenüber, und diese Solidarität ist unaufhebbar: »Meine Gnade soll nicht von dir weichen und der Bund meines Friedens soll nicht hinfallen«; selbst wenn die Welt aus den Fugen gerät und wenn Tod geschieht.

Der Sonntag Lätare in der Mitte der Passionszeit läßt mich das Leiden und Sterben Jesu nicht nur in seiner Dimension als Sühne für meine Schuld verstehen, sondern auch und vor allem als Akt der Solidarität Gottes in Jesus mit allen Leidenden, Gequälten, Ausgelieferten. Daß Jesus mein Schicksal und das noch viel schwerere unzähliger anderer teilt, ist der personale Ausdruck von Gottes unbegründbarer Liebe, die in Jes 54 angesagt wird. Ich möchte über diesen Text keine Predigt halten. Meine inneren Widerstände gegenüber diesen überschwänglichen und leidenschaftlichen Worten sind zu groß. Meine eigenen Erfahrungen von Trostbedürftigkeit haben eine andere Dimension als die gewaltige Trostrede des Profeten. Ich möchte vielmehr prüfen und lernen, was von dem in Jes 54 vor Augen gestellten Gottesbild sich als tröstlich erweist in besonderen Situationen, denen Juden und Christen meiner Generation und der Generation meiner Eltern ausgesetzt waren. Deshalb möchte ich einen Meditationsgottesdienst halten, Texte von Menschen »in der tiefsten Nacht ihrer Geschichte« vorstellen, mit der Gemeinde bedenken und sie auf der Folie von Jes 54 kurz kommentieren.

Vorschläge zur Liturgie

Liedvorschläge

Zum Eingang: Er weckt mich alle Morgen ... Nach dem Evangelium: O Haupt voll Blut ... oder: Kyrie guter Gott ... Zwischen den Meditationstexten: Die Nacht ist vorgedrungen ... Nach der Meditation: In dir ist Freude ... oder: Gott liebt diese Welt ... Zum Schluß: Von guten Mächten ...

Vorschläge für die Lesungen

Auszüge aus Psalm 22 (s.u.), möglich sind auch Ps 103; Ps 13,2–5; Klgl 5,1–5.8–15.19–22. Als Evangelienlesung: Joh 19,1–5.

Eingangsgebet

Gott, unser Vater und unsere Mutter. Du bist barmherzig und erbarmst dich über uns. Du ziehst unser Leid auf dich und läßt dich bewegen von allem, was uns bewegt. Dein Mitleid ist der Grund für unsere Freude. Deine Liebe wird unsere Angst vertreiben. Wir gehen mit auf dem Kreuzweg Jesu, unseres Bruders, den du liebst, und wissen, daß du lieber selber sterben würdest, als daß du uns sterben ließest. In deine Hände sind wir geschrieben, aufgehoben in allem, was uns geschieht. Amen (K. Eulenberger: Gottesdienstpraxis VI,2 1984)

Schlußgebet

Herr, unser Gott, wir danken wir für die vielen Menschen zu allen Zeiten, die voller Freude deinen Weg des Lebens gegangen sind; für die vielen Heiligen und Märtyrer, Frauen und Männer, die ihr Leben geopfert haben, damit dein Leben in seiner Fülle aufleuchte, damit dein Reich sich entfalte.
Für deine Liebe und Treue wollen wir deinen Namen preisen immerdar.
Herr, wir danken dir für die, die den Weg deines Sohnes gewählt haben, den Weg unseres Bruders Jesus Christus. Hoffnung haben sie behalten inmitten der Angst. Liebe haben sie entzündet inmitten des Hasses. Deine Macht haben sie bezeugt inmitten der Verfolgung. Deine Verheißung haben sie geglaubt inmitten der Verzweiflung.
Für deine Liebe und Treue wollen wir deinen Namen preisen immerdar.
Herr, wir danken dir für die Wahrheit, die sie erfahren und uns weitergegeben haben: Nur wenn wir selbst schenken, werden wir beschenkt. Nur wenn wir schwach werden, erwächst uns Kraft. Nur wenn wir andere lieben, werden wir geliebt. Nur wenn wir unser ganzes Leben einsetzen, erblüht Gottes Reich. Nur wenn wir sterben, werden wir das ewige Leben erben.
Für deine Liebe und Treue wollen wir deinen Namen preisen immerdar.
(Aus: Gottesdienstbuch für die sechste Vollversammlung des Ökumenischen Rates der Kirchen, Genf 1983)

Meditationsteil

Lesung Jes 54,7–10

Diese Worte hat der Prophet, den wir den zweiten Jesaja nennen, hineingesprochen in eine der dunkelsten Nächte, die das Volk Israel durchlebt hat. Jahre, Jahrzehnte schon lebten sie in der Verbannung, saßen an den Wassern Babylons und weinten. Die Propheten selber hatten sie gelehrt, ihr Schicksal als Strafe des gerechten Gottes auf sich zu nehmen, als Folge seines gerechtfertigten Zornes über ihren Ungehorsam. Aber irgendwann einmal ist die Schmerzgrenze erreicht. Dann bricht die Klage auf: Wie lange noch ...? Dann fällt dumpfe Resignation über sie: Er hat uns

alleingelassen. Er hat sein Angesicht abgewendet für immer. Wir sind ausgeliefert ohne Hoffnung und Zukunft.
Die Trostrede des Propheten ist überschwänglich und randvoll mit Verheißungen. Eine eidesstattliche Erklärung Gottes für eine helle, lebenswerte Zukunft. Das Ende der Nacht! Das Ende der Nacht? Immer wieder hat sich das Volk Gottes wiedergefunden in der Tiefe der Nacht, und die Frage muß erlaubt sein, ob sich etwas geändert hat seit damals. Wie ist das mit der Zuwendung Gottes? Mit seiner Barmherzigkeit? Mit seiner ewigen Gnade? Mit dem Bund seines Friedens? Wo und wie ist das erfahrbar, erlebbar in der Tiefe?

Ein Mensch aus dem Volk Israel war Jossel Rakower aus Warschau. Er lebte im dortigen Ghetto. Ein Mann wie Hiob. Seinen gesamten Besitz hatte er verloren, Familie und Freunde waren ermordet. Nun wird das Ghetto von der SS gestürmt, und den Tod vor Augen spricht Jossel Rakower zu Gott: »Du sagst, wir haben gesündigt. Natürlich haben wir gesündigt. Daß wir dafür bestraft werden – auch das kann ich verstehen. Ich will aber, daß du mir sagst, ob es eine Sünde in der Welt gibt, die eine solche Strafe verdient? ... Du sagst vielleicht, es sei jetzt keine Frage von Strafe und Sühne, daß du nur dein Gesicht abgewendet und sie ihren Trieben überlassen hast. Ich will dich fragen, Gott, und diese Frage versengt mich wie ein verzehrende Feuer: Was soll denn noch geschehen, damit du uns dein Gesicht wieder zuwendest?! Ich will dir klar und offen sagen, daß wir jetzt mehr als in jeder anderen Epoche unseres unendlichen Leidensweges – wir, die Gepeinigten, die Geschändeten, die Erstickten, die lebendig Begrabenen und lebendig Verbrannten, wir, die Beleidigten und Erniedrigten, die zu Millionen Ermordeten – das Recht haben zu wissen, wo die Grenzen deiner Geduld liegen! Und noch etwas will ich dir sagen: Du sollst den Strick nicht allzusehr anspannen, sonst könnte er – Gott behüte – reißen! Die Versuchung, vor die du uns gestellt hast, ist so bitter und schwer, daß du jenen deines Volkes verzeihen sollst und mußt, die sich in Unglück und Verzweiflung von dir abgewandt haben ... Ich kann dich nicht loben für die Taten, die du erduldest. Ich segne aber und lobe dich für deine schreckliche Größe, die gewaltig sein muß, wenn selbst das, was jetzt geschieht, auf dich keinen Eindruck macht. Und eben weil du groß bist und ich so klein, bitte ich: ich warne dich um deines Namens willen! Höre auf, deine Größe zu beweisen, indem du die Unglücklichen schlägst! ... Der Tod kann auf mich nicht warten, und ich muß mit dem Schreiben aufhören. Das Feuer in den oberen Stockwerken wird von Minute zu Minute schwächer. Jetzt fallen die letzten Verteidiger unserer Festung, und mit ihnen fällt und stirbt das große, das schöne, das gottesfürchtige jüdische Warschau ... Ich sterbe ruhig, aber nicht befriedigt, ein Geschlagener,

aber kein Verzweifelter, ein Gläubiger, aber kein Betender, ein Verliebter in Gott, aber kein blinder Amensager ... Gott von Israel – ich bin hierher geflohen, um dir ungestört dienen zu können, um deine Gebote zu erfüllen und deinen Namen zu heiligen: Du aber hast alles getan, damit ich nicht an dich glaube. Solltest du meinen, es wird dir gelingen, mich von meinem Weg abzubringen, so sage ich dir, mein Gott und Gott meiner Väter: es wird dir nicht gelingen. Du kannst mich schlagen, mir das Beste und Teuerste nehmen, das ich auf der Welt habe. Du kannst mich zu Tode peinigen – ich werde immer an dich glauben. Ich werde dich immer lieb haben – dir selbst zum Trotz. Und das sind meine letzten Worte an dich, mein zorniger Gott: es wird dir nicht gelingen! Du hast alles getan, damit ich nicht an dich glaube, damit ich an dir verzweifle! Ich aber sterbe, genau wie ich gelebt habe, im felsenfesten Glauben an dich.«
(Aus: Almanach 2 für Literatur und Theologie. Peter Hammer Verlag, Wuppertal 1968)

Jossel Rakower hält fest an diesem Gott, den er nicht versteht; der nicht berechenbar ist; der in kein Schema paßt, das wir uns von ihm machen. Er hält fest an ihm mit einer Kraft, die mein Verstehen übersteigt. Woher kommt diese Kraft? Ich weiß es nicht! Vielleicht ist Gott selbst diese Kraft.

Lied (s.o.)

In seinem Buch »Die Nacht zu begraben« schreibt Elie Wiesel:
»Eines Tages, als wir von der Arbeit kamen, sahen wir drei schwarze Galgen auf dem Appellplatz aufgerichtet, drei schwarze Krähen. Abendappell. Um uns die SS, Maschinengewehre am Abzug: die übliche Zeremonie. Drei Opfer in Ketten – und eines von ihnen ist der kleine Diener, der Engel mit den traurigen Augen.
Die SS war unruhiger, nervöser als gewöhnlich. Einen kleinen Jungen vor Tausenden von Augenzeugen zu hängen, war gar nicht so einfach. Der Lagerkommandant verlas das Urteil. Alle Augen blickten auf das Kind. Er war totenblaß, beinahe ruhig, er biß sich auf die Lippen. Die Galgen warfen ihre Schatten auf ihn.
Diesmal weigerte sich der Lagerkapo, als Henker zu fungieren. Drei SS-Leute traten an seine Stelle. Gleichzeitig stiegen die drei Opfer auf die Hocker. Gleichzeitig wurden die drei Nacken in die Schlinge gelegt. ›Es lebe die Freiheit‹, riefen die beiden Erwachsenen. Das Kind aber schwieg. ›Wo ist Gott? Wo ist er?‹, fragte jemand hinter mir. Auf ein Zeichen des Lagerkommandanten hin wurden die drei Hocker umgestoßen. Völlige Stille im Lager. Am Horizont ging die Sonne unter. ›Mützen ab!‹ schrie der Lagerkommandant. Seine Stimme war heiser. Wir weinten. ›Mützen auf!‹

Dann begann der Vorbeimarsch. Die beiden Erwachsenen lebten nicht mehr. Ihre Zungen waren geschwollen, bläulich. Aber das dritte Seil bewegte sich noch. Das Kind war zu leicht. Es lebte noch ... Mehr als eine halbe Stunde hing er so, im Kampf zwischen Leben und Tod, im langsamen Todeskampf starb er vor unseren Augen. Und wir mußten ihm ins Gesicht sehen. Er lebte noch, als ich an ihm vorbeiging. Seine Zunge war noch rot, seine Augen waren noch klar. Hinter mir hörte ich denselben Mann fragen: ›Wo ist Gott jetzt?‹ Und in mir hörte ich eine Stimme antworten. ›Wo er ist? Er ist hier. – Er hängt hier an diesem Galgen.‹ An jenem Abend schmeckte die Suppe nach Toten.«
(E. Wiesel: Die Nacht zu begraben, Elische. Bechtle-Verlag, München u. Esslingen 1962)

Gott in der Tiefe. Gott ganz nahe, schmerzhaft greifbar. »Mit ewiger Gnade will ich mich deiner erbarmen.« Nicht der ferne, gerechte Gott, der Sünde mit Strafe vergilt. Nicht der Gott, der züchtigt und schlägt, sondern Gott, der selber geschlagen und zerschlagen wird. In Jesus ist er uns nahe gekommen, geschlagen, verhöhnt und aufgehängt am Galgen. Ein Gott also, der mitgeht in die Dunkelheit des Leidens, des Gequältwerdens, der nicht ausweicht, der auf sich nimmt, was seinen Geschöpfen zugefügt wird, ein Gott, der in die Hände der Menschen gefallen ist, ja, sich selbst in sie hat fallen lassen. Und der Bund des Friedens? Vielleicht besteht er gerade darin, in der unverbrüchlichen Solidarität mit den Leidenden, in seiner Liebe, die nicht ausweicht, nicht zurückschreckt – auch nicht vor dem Tod.

Lied: s.o.

In der Nacht des Leidens seines nicaraguanischen Volkes hat der Priester und Dichter Ernesto Cardenal seine Stimme zu Gott erhoben, von seiner Gottverlassenheit und seiner trotzdem vorhanden Hoffnung gesungen.
»Mein Gott, mein Gott, warum hast du mich verlassen? / Ich bin zur Karikatur geworden, zum Spottbild für das Volk. / Man verspottet mich in allen Zeitungen. / Panzer umgeben mich, / der Scharfschütze hat mich im Visier. / Elektrisch geladene Zäune grenzen mich ein. / Jeden Tag werde ich aufgerufen. / Sie haben mir eine Nummer eintätowiert / und mich hinter dem Stacheldraht photographiert. / Wie auf einer Röntgenplatte können sie alle meine Knochen zählen. / Sie haben mir alle Papiere genommen. / Sie haben mich nackt in die Gaskammer gebracht / und alle meine Kleider und Schuhe unter sich aufgeteilt. / Ich schreie nach Morphium, aber niemand hört mich. / Ich schreie, eingezwängt in eine Zwangsjacke. / Ich schreie die ganze Nacht auf der neurologischen Station, / im Saal der

unheilbar Kranken / auf deer Isolierstation / im Altersheim. / In der psychiatrischen Klinik ringe ich schweißgebadet mit dem Tod. / Ich ersticke unter dem Sauerstoffzelt, / ich weine auf dem Polizeirevier, / im Hof des Zuchthauses, / in der Folterkammer, / im Waisenhaus. / Ich bin radioaktiv verseucht, / und niemand kommt mir nahe aus Furcht vor Infektion. / Dennoch werde ich reden von dir zu meinen Geschwistern. / Ich werde dich preisen in der Versammlung unseres Volkes. / In der Mitte eines großen Volkes werden meine Lieder wiedererklingen. / Die Armen werden beim Festmahl sitzen. / Unser Volk wird ein großes Fest feiern, / das neue Volk, das noch geboren wird.«
(Ernesto Cardenal: Salmos, Cuadernos Latinoamericanos, Buenos Aires 1969 – eigene Übersetzung)

So spricht der Herr: Mit großer Barmherzigkeit will ich dich sammeln, mit ewiger Gnade will ich mich deiner erbarmen. Cardenals Klage endet mit der Vision des Friedensbundes, den Gott verheißen hat. 10 Jahre nach dieser Klage ist dieses Vision – allen Widerständen zum Trotz – zum Teil realisiert worden. Es ist kein billiger Trost, den Gott dem Menschen in Not zusagt, um ihm über die Nacht hinwegzuhelfen. Es ist ein Trost, der aus der Notsituation herausführt, der Kraft gibt, den Friedensbund zu verwirklichen; denn es ist der Trost, der sich auf Gottes unverbrüchliche Liebe, auf seine unzerstörbare Solidarität, auf seine unverlierbare Nähe auch in Momenten, in denen uns das Gefühl der Gottverlassenheit überkommt, gründet.

In diesem Band schrieben:

Pfarrer Claus Altrock, Kassel. Pfarrer Heinz Behrends, Hannover. Dr. Karl-Heinrich Bieritz, DDR-Berlin. Dekan Dr. Friedhelm Borggrefe, Ludwigshafen. Pfarrer Wolfram Braselmann, Rehburg-Loccum. Pfarrer Rainer Bungenstock, Steyerberg. Stadtsuperintendent Hans Werner Dannowski, Hannover. Pfarrer Dr. Andreas Eitz, Freigericht. Pfarrer Jürgen Frank, Fuldatal. Pfarrer Hermann Otto Geißler, Wiesbaden. Pfarrer Egbert Haug-Zapp, Böchingen. Pfarrer Eckhard Herrmann, Burgkirchen/Alz. Professor Klaus Künkel, Osnabrück. Pfarrer René Leudesdorff, Dagebüll-Fahretoft. Pfarrer Dr. Wolfgang Lipp, Ulm. Pfarrer Klaus von Mering, Langeoog. Pfarrer Dr. Klaus Reblin, Hamburg. Dekan Karl-Heinz Ronecker, Freiburg. Superintendent i.R. Gustav Roth, Berlin. Pfarrerin Christel Schibilsky, Bottrop. Pfarrer Klaus Schimpf, Berlin. Prädikantin Marianne Seitz, Neustadt. Pfarrer Dr. Henning Theurich, Haan.

Du, laß dich nicht verhärten

Ein Liederbuch für Jugend und Gemeinde. Herausgegeben von Wolfgang Gerts und Tina Wolff-Egger unter Mitarbeit von Ilse Schlamelcher, Andrea Wolters, Moritz von Blanckenburg (Grafik), und Anna-Lena und Anika. 224 Seiten mit 215 zum überwiegenden Teil neue Lieder für Jugend und Gemeinde, die sich in den letzten Jahren bewährt haben. Kt.

Rolf Krenzer schreibt dazu:

Aus den vielen neuen geistlichen und weltlichen Liedern der letzten 20 Jahre wurde eine sehr ansprechende Auswahl zusammengestellt, die zudem vom Layout her so liebenswürdig verpackt ist, daß das Buch direkt zum lebendigen Umsetzen in Jugendgruppen und in der Gemeinde motiviert. Der Vorzug der gesamten Sammlung liegt darin, daß sie von Praktikern zusammengestellt wurde, also wirkliche Bedürfnisse berücksichtigt, ein angemessenes Angebot bereithält, aber auch methodisch-didaktische Hilfen anbietet, wie das betreffende Lied eingesetzt werden kann. Besonders die Hinweise, die sich auf Melodie und angegebene Tonart beziehen, erweisen sich in der Praxis als sehr nützlich und nachahmenswert.

Insgesamt eine gut gegliederte, sorgfältig zusammengestellte und liebenswert gestaltete aktuelle Liedersammlung, die so gelungen erscheint, daß sie nicht nur als Einzelexemplar, sondern gleich in einem Gruppensatz angeschafft werden sollte. Einsetzbar in Jugendarbeit, Gemeindearbeit, Religionsunterricht, speziell als Satz geeignet für Familiengottesdienste, Kindergottesdienste und überall da, wo in der Gemeinde gesungen wird.

Gütersloher Verlagshaus
Gerd Mohn